일본유학시험(EJU)

모의시험 10회분
화 학

최신! 출제경향

일본유학시험 문제를 철저분석

본시험 경향에 맞춘 코치학원 오리지널 문제

권말에 한일영 단어집, 공식집, 반응계통도를 수록

글로벌 인재육성, 1984년설립
(주)해외교육사업단

머 리 말

일본유학시험(EJU)은 일본의 대학에 입학을 희망하는 유학생을 대상으로 대학 등에서 필요로 하는 일본어능력 및 각 과목의 기초학력 평가를 목적으로 하는 시험으로, 연 2회 실시되고 있습니다.

일본유학시험에서는 본사가 교육현장에서 사용하고 있는 『일본유학시험 표준교과서』 등으로 학습하는 기초적인 지식뿐만 아니라, 종합적인 고찰력·사고력이 필요합니다. 또한, 한정된 시간 내에 신속히 정답을 찾아내는 독해력·판단력도 요구되며, 마크시트 형식이라는 독특한 해답 형식에 익숙해질 필요도 있습니다. 이와 같은 일본유학시험에서 고득점을 얻기 위해서는 같은 형식의 좋은 문제를 많이 접하는 것이 효과적입니다.

본 책은 위와 같은 내용에 근거하여 과거에 출제된 문제를 철저하게 연구·분석하여 제작된 모의시험입니다. 형식·내용·레벨에 있어 실제 시험에 가까운 문제가 총 10회분 수록되어 있으며 실전과 같은 시험에 여러 번 도전할 수 있도록 되어 있습니다. 본 책을 활용함으로써 학력 향상과 더불어, 확고한 자신감을 얻을 수 있게 될 것입니다.

저희 코치학원에서는 각 교과의 교재전문 스태프가 매일 교과 내용을 연구·분석하여 일본의 대학 진학을 희망하고 있는 외국인 수험생 여러분에게 도움이 되는 교재를 개발하고 있습니다.

이「모의시험 시리즈」및 코치학원 발행의 자매도서를 철저하게 학습하여, 여러분이 꿈꾸는 미래로 나아가 많은 활약을 할 수 있게 되기를 바랍니다.

한국에서 일본유학을 준비하는 여러분에게 이용의 편리함을 제공하기 위해 해외교육사업단에서 한국판을 발행하게 되었습니다.

2018년 5월

코치학원

본 책에 대하여

■ 일본유학시험(EJU) 「화학」에 대하여

　일본유학시험은 연 2회, 6월과 11월에 실시되며, 출제과목은 「일본어」, 「이과」(물리·화학·생물), 「종합과목」 및 「수학」입니다. 「이과」는 시험시간이 80분, 해답용지는 마크시트 방식으로 「물리」·「화학」·「생물」 중에서 두 개의 과목을 골라 풀며, 과목마다 별도의 개별시간 없이 주어진 80분에서 2과목을 선택하여 풀어야 합니다.

　「화학」의 출제범위는 일본의 고등학교 지도요령인 「화학기초」 및 「화학」의 범위에 준하고 있습니다. 각 문제는 아래의 출제범위에서 출제됩니다.

　Ⅰ. 물질의 구성
　　1. 물질의 탐구 (순물질, 화합물, 혼합물, 물질의 세 가지 상태, 상태변화 등)
　　2. 물질의 구성입자 (원자구조, 질량수, 동위체, 전자배치, 주기율표, 가전자 등)
　　3. 물질과 화학결합 (이온결합, 금속결합, 공유결합, 분자간 힘 등)
　　4. 물질의 양적 취급과 화학식 (물질량, 몰 농도, 화학식 등)

　Ⅱ. 물질의 상태와 변화
　　1. 물질의 변화 (화학반응식, 산·염기, 산화·환원 등)
　　2. 물질의 상태와 평형 (분자의 열운동, 이상기체의 상태방정식, 응고점 강하 등)
　　3. 물질의 변화와 평형 (열화학방정식, 전기화학, 전지, 반응속도, 전리평형 등)

　Ⅲ. 무기화학
　　1. 무기물질 (전형원소, 전이원소, 무기물질의 공업적 제법 등)
　　2. 무기물질과 인간생활 (인간생활에 넓게 이용되는 금속이나 세라믹스에 대해)

　Ⅳ. 유기화학
　　1. 유기화합물의 성질과 반응 (탄화수소, 알코올, 에테르, 방향족 화합물 등)
　　2. 유기화합물과 인간생활 (인간생활에 넓게 이용되는 유기화합물에 대해)

　자세한 내용은 일본유학시험 홈페이지에도 게재되어 있으므로 한번 훑어보는 것이 좋습니다.

　「화학」시험문제에는 몇 가지 화학용어에 영어번역이 달려있습니다 (예, 원자 : atom). 해답할 때에 참고하면 좋을 것입니다. 또한, 본 책에서도 실제 시험을 본받아 화학용어에 영어번역을 달고 있습니다.

■ **본 책에 대하여**

　유학생을 위한 진학예비교인 코치학원은 오랜 기간에 걸쳐 지금까지의 일본유학시험에 출제된 문제를 분석하여 유학생 여러분이 어떻게 학습하면 시험에 대응할 수 있는 실천력, 실력을 쌓을 수 있는지를 연구해 왔습니다. 본 책은 그 성과를 담아 일본유학시험의 출제 경향에 대응하는 **모의시험문제 10회분**과 **해답**, **부록**을 수록한 문제집입니다.

　시험대책에는 출제 경향에 따른 좋은 문제를 많이 풀어 실력을 기르고, 출제 경향이나 패턴을 파악하는 것이 중요합니다. 본 책은 위에서 언급된 「화학」의 최근 출제범위에 준하고 있습니다. 최근의 「화학」시험은 전체 20문제로 이루어지며 본 책에서도 한 회 시험은 전체 20문제로 구성되어 있습니다. 형식에 대해서는 최근의 「화학」시험에서 각 설문에 대해 한 문제만을 답하는 일문일답 형식을 취하고 있으므로 본 책도 이 형식을 취하고 있습니다. 또한, 내용, 난이도에 대해서는 과거에 출제된 일본유학시험의 문제를 철저하게 연구·분석하는 것으로 실제 시험문제에 한없이 근접하고 있습니다.

　해답 페이지에는 해답과 아울러서 ★～★★★의 세 단계로 문제마다 난이도를 나타내고 있습니다. 우선은 ★문제를 확실하게 푸는 것으로 하고, 이어서 ★★, ★★★문제를 풀 수 있도록 노력해 보십시오.

■ **자기분석시트에 대하여**

　부록에는 자기분석시트 페이지를 두고 있습니다. 각 회 분야마다 정답 수 등을 기록할 수 있으므로 자신의 실력, 약한 분야 등을 파악할 수 있게 됩니다. 자신에게 약한 분야를 중점적으로 복습하여 약한 분야를 남기지 말고 시험에 도전할 수 있도록 자기분석시트를 활용합시다.

■ **해답용지와 마크시트를 기입할 때 주의점**

　일본유학시험 「화학」의 해답용지는 답의 마크부분을 연필로 칠하는 마크시트 형식입니다. 마크 농도가 옅다면 채점되지 않기 때문에 반드시 HB연필을 써서 확실히 칠하도록 하고, 정정하고 싶은 마크는 플라스틱 지우개로 깨끗이 지워주세요. 정해진 장소 이외에는 기입하지 말고, 시트를 더럽히지 않도록 주의합시다.

■ 본 책의 사용법

　본 책 10회 분의 모의시험 문제와 부록은 일본유학시험에 필요한 실력을 효과적으로 높힐 수 있는 학습을 가능하게 합니다.

　시험대책으로는 일본유학시험의 형식에 익숙해지는 것이 중요합니다. 시험 경향에 따른 모의시험으로 일본유학시험과 같은 시간, 같은 해답용지, 필기구를 사용하여 집중해서 풀어 봅시다. 해답 후에는 채점 결과를 분석하여 자신의 약점 분야나 부족한 지식을 파악하여 주십시오. 미숙한 분야나 약점을 중점적으로 복습하여 앞으로의 공부에 활용함으로써 보다 효과적으로 성적을 올릴 수 있습니다.

　위와 같은 흐름에 따라 본 책의 모의시험을 반복하여 풀어감으로써 기초 능력에 더하여 종합적인 고찰력이나 사고력, 한정된 시간에서 해답할 수 있는 독해력이나 판단력 등, 일본유학시험에 필요한 실력이 자연스럽게 향상됩니다.

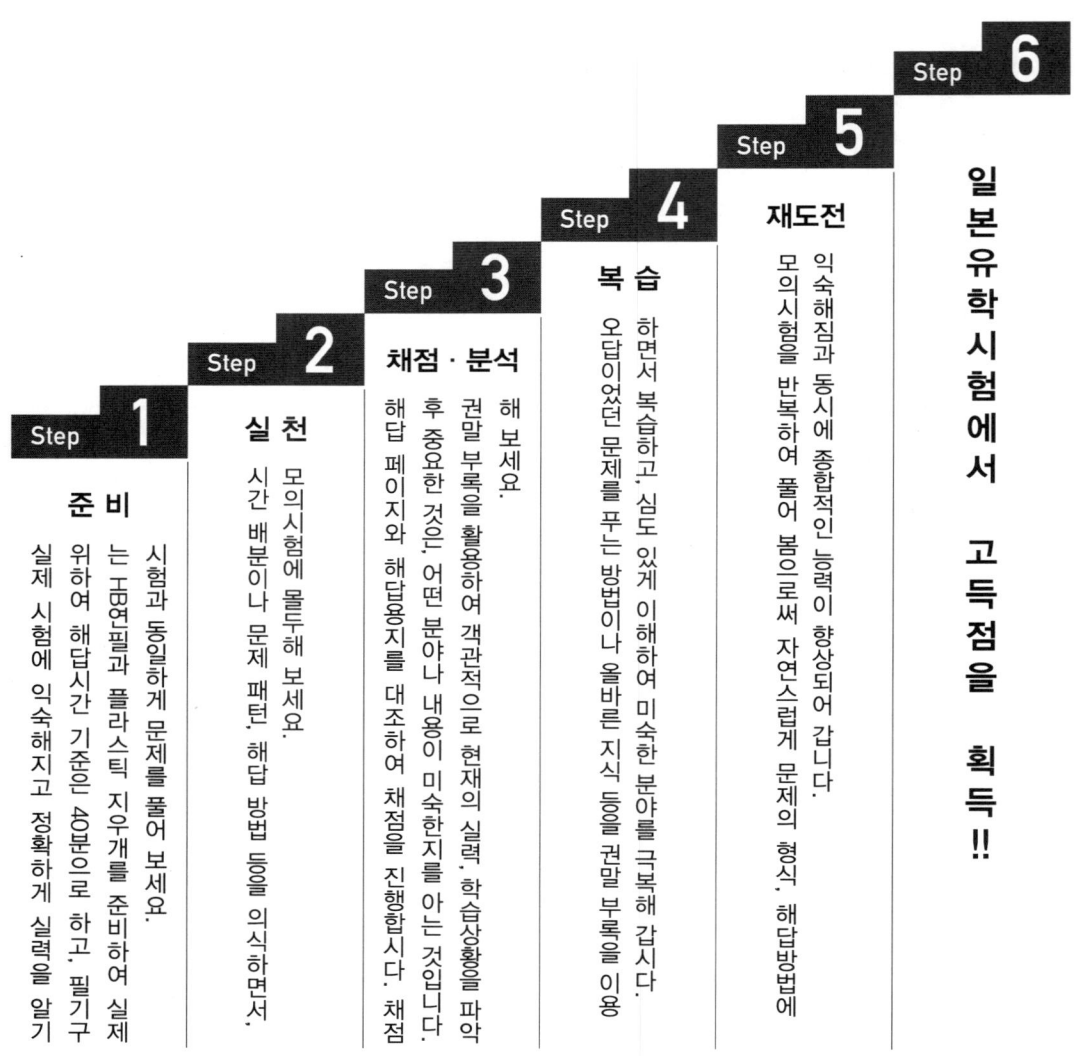

Step 1 준비
시험과 동일하게 문제를 풀어 보세요. 는 HB연필과 플라스틱 지우개를 준비하여 실제 위하여 해답시간 기준은 40분으로 하고, 필기구 실제 시험에 익숙해지고 정확하게 실력을 알기

Step 2 실천
모의시험에 몰두해 보세요. 시간 배분이나 문제 패턴, 해답 방법 등을 의식하면서.

Step 3 채점·분석
해 보세요. 권말 부록을 활용하여 객관적으로 현재의 실력, 학습상황을 파악후 중요한 것은, 어떤 분야나 내용이 미숙한지를 아는 것입니다. 채점해답 페이지와 해답용지를 대조하여 채점을 진행합시다. 채점

Step 4 복습
하면서 복습하고, 심도 있게 이해하여 미숙한 분야를 극복해 갑시다. 오답이었던 문제를 푸는 방법이나 올바른 지식 등을 권말 부록을 이용

Step 5 재도전
익숙해짐과 동시에 종합적인 능력이 향상되어 갑니다. 모의시험을 반복하여 풀어 봄으로써 자연스럽게 문제의 형식, 해답방법에

Step 6 일본유학시험에서 고득점을 획득!!

목 차

머리말 ·· 3

본 책에 대하여 ·· 4

제1회 모의시험 ······································· 9

제2회 모의시험 ······································· 27

제3회 모의시험 ······································· 47

제4회 모의시험 ······································· 59

제5회 모의시험 ······································· 73

제6회 모의시험 ······································· 89

제7회 모의시험 ······································· 107

제8회 모의시험 ······································· 121

제9회 모의시험 ······································· 139

제10회 모의시험 ····································· 151

해 답 ··· 163

부 록 ··· 175

    원소기호표   176
    한일영 용어대조표   178
    화학공식집   190
    반응계통도   194
    이과해답용지   199
    자기분석시트   200
    학습달성표   201

본 책에서는 아래의 수치를 사용하는 것으로 한다.

부피의 단위 리터(liter)는 L로 나타낸다.

표준상태 (Standard state) : 0℃, 1.01×10^5 Pa (=1.00 atm)
표준상태에서 이상기체(ideal gas)의 몰 부피(molar volume) : 22.4L/mol
기체정수 (gas constant) : $R = 8.31 \times 10^3$ Pa·L / (K·mol)
아보가드로 정수 (Avogadro constant) : $N_A = 6.02 \times 10^{23}$/mol
패러데이 정수 (Faraday constant) : $F = 9.65 \times 10^4$ C/mol

원자량 (atomic weight) :
H : 1.0	He : 4.0	C : 12	N : 14	O : 16	F : 19
Ne : 20	Na : 23	Mg : 24	Al : 27	S : 32	
Cl : 35.5	Ar : 40	K : 39	Ca : 40	Mn : 55	
Fe : 56	Cu : 65	Zn : 65	Br : 80	Ag : 108	
I : 127	Ba : 137	Pb : 207			

이 시험에서 원소(element)족(group)과 주기(period)의 관계는 아래의 주기율표(periodic table)대로이다. 단, H(수소) 이외의 원소기호는 생략하고 있다.

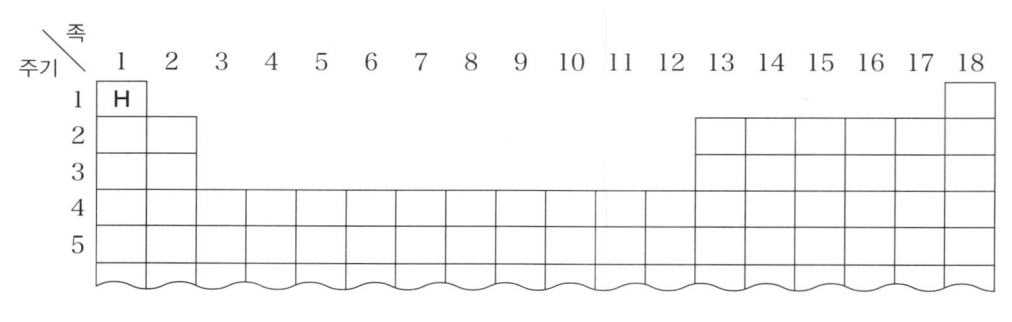

第 ① 回 模擬試験

解答時間：40分

1

問1　次の原子（atom）①〜⑧のうち，価電子（valence electron）の数が最も多いものを一つ選びなさい。　　　　　　　　　　　　　　　　　　　　　　　　　　1

① He　　　　　② B　　　　　③ Mg　　　　　④ Ne
⑤ Al　　　　　⑥ S　　　　　⑦ F　　　　　⑧ Na

問2　結晶（crystal）の分類とその例の組み合わせとして正しいものを，下表の①〜⑤の中から一つ選びなさい。　　　　　　　　　　　　　　　　　　　　　　　　2

	結晶の分類	例
①	共有結合の結晶（covalent crystal）	二酸化ケイ素　SiO_2
②	金属結晶（metallic crystal）	ダイヤモンド　C
③	分子結晶（molecular crystal）	塩化ナトリウム　NaCl
④	イオン結晶（ionic crystal）	二酸化炭素　CO_2
⑤	イオン結晶	アルミニウム　Al

問3　3.00 mol/L の塩化ナトリウム水溶液の質量パーセント濃度（mass percent concentration）に最も近い値を，次の①〜⑤の中から一つ選びなさい。ただし，この水溶液の密度（density）は 1.10 g/cm³ とする。　　　　　　　　　　　3 ％

① 12.0　　　　② 14.0　　　　③ 16.0　　　　④ 18.0　　　　⑤ 20.0

問 4 次の図は，ある金属の結晶構造（crystal structure）を示したものである。空欄 **a** ， **b** ， **c** にあてはまる数値と式の組み合わせとして正しいものを，下表の①〜⑥の中から一つ選びなさい。　**4**

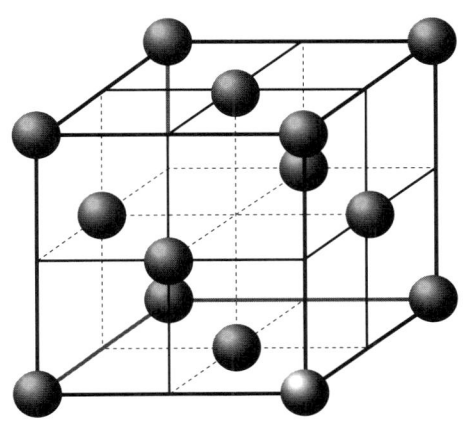

結晶（crystal）の単位格子（unit cell）に含まれる原子の体積の割合を充塡率（packing factor）という。上の図の単位格子には，原子が **a** 個含まれており，原子半径（atomic radius）r と単位格子一辺の長さ a との関係は，$r =$ **b** a である。したがって，この単位格子の充塡率はおよそ **c** である。

	a	b	c
①	2	$\dfrac{\sqrt{2}}{4}$	0.74
②	2	$\dfrac{\sqrt{3}}{4}$	0.68
③	4	$\dfrac{\sqrt{2}}{4}$	0.74
④	4	$\dfrac{\sqrt{3}}{4}$	0.68
⑤	6	$\dfrac{\sqrt{2}}{4}$	0.74
⑥	6	$\dfrac{\sqrt{3}}{4}$	0.68

問5 次のグラフA～Cは，ある物質の飽和蒸気圧（saturated vapor pressure）と温度（temperature）の関係について示したものである。

1.0×10^5 Pa での沸点（boiling point）の高い順に並べたものとして正しいものを，下の①～⑥の中から一つ選びなさい。 $\boxed{5}$

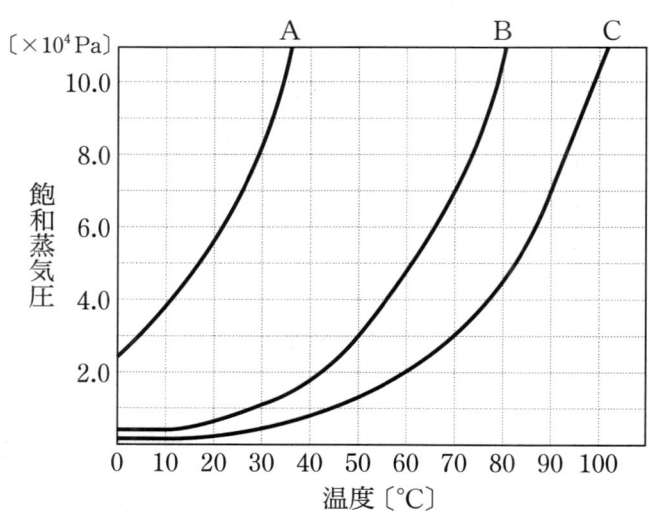

① A > B > C
② A > C > B
③ B > A > C
④ B > C > A
⑤ C > A > B
⑥ C > B > A

問 6 消毒薬などに用いられるオキシドール（oxydol）の濃度を求めるため次の実験を行った。

(a) シュウ酸二水和物 $(COOH)_2 \cdot 2H_2O$ 6.30 g をはかりとり，メスフラスコ（volumetric flask）に入れて溶かし，さらに純水を加えて 1000 mL とした。この溶液 10.0 mL，硫酸（sulfuric acid），純水を三角フラスコ（Erlenmeyer flask）に入れて温めた。濃度不明の過マンガン酸カリウム水溶液 $KMnO_4$ をビュレット（burette）に入れ滴下したところ，9.60 mL で薄く色がつき消えなくなった。

(b) オキシドール 10.0 mL をホールピペット（volumetric pipette）でとり，メスフラスコに入れ，純水を加えて 100 mL とした。この溶液 10.0 mL，硫酸，純水を三角フラスコに入れ，(a)で用いた過マンガン酸カリウム水溶液をビュレットに入れ滴下したところ，17.5 mL で薄く色がつき消えなくなった。

(a)，(b)の実験から，オキシドールに含まれる過酸化水素 H_2O_2 の質量パーセント濃度（mass percent concentration）を求め，最も近い値を次の①～⑥の中から一つ選びなさい。ただし，オキシドールの密度（density）は 1.10 g/cm³ とする。 **6** %

① 1.4   ② 2.8   ③ 3.1
④ 14   ⑤ 28   ⑥ 31

問 7 あるタンパク質（protein）0.050 g を水に溶かして 10 mL にした水溶液がある。この水溶液の浸透圧（osmotic pressure）は，27°C で 2.0×10^2 Pa であった。このタンパク質の分子量（molecular weight）に最も近い値を，次の①～⑤の中から一つ選びなさい。 **7**

① 1.0×10^4 ② 3.1×10^4 ③ 6.2×10^4
④ 3.1×10^6 ⑤ 6.2×10^6

問8　化学反応（chemical reaction）とエネルギー（energy）に関する記述として**誤っているもの**を，次の①〜⑤の中から一つ選びなさい。　8

① 光エネルギーを吸収して生じる高いエネルギーをもつラジカル（radical）とよばれる原子は，連続的な化学反応を起こすことがある。

② 血痕の検出に用いられるルミノール反応（luminol reaction）では，化学反応で生じたエネルギーの一部が光として放出される。

③ 物質中の共有結合（covalent bond）を切断して原子にするのに必要となるエネルギーを結合エネルギー（bond energy）という。

④ 植物の行う光合成（photosynthesis）では，光エネルギーを放出して，二酸化炭素と水から糖類（saccharides）が合成される。

⑤ 中和熱（heat of neutralization）は，酸と塩基が反応して水 1 mol ができるときに放出される熱量である。

問9 常温において，ピストン付きの容器に二酸化窒素 NO_2 と四酸化二窒素 N_2O_4 を入れると，平衡状態（equilibrium state）になった。この反応の熱化学方程式（thermochemical equation）は次のようになる。

$$2NO_2(気) = N_2O_4(気) + 57.2 \text{ kJ}$$

この平衡状態に関する次の記述(a)〜(e)のうち，正しいものが二つある。それらの組み合わせを，下の①〜⑧の中から一つ選びなさい。　9

(a) 冷却して温度を下げると，容器内の色は薄くなる。

(b) 加熱して温度を上げると，平衡定数（equilibrium constant）の値は小さくなる。

(c) 触媒を加えると，平衡定数の値は大きくなる。

(d) 温度を一定に保ち，ピストンを押して気圧の圧力を増加させると，容器内の色は一瞬薄くなり，最終的に少し濃くなる。

(e) 温度を一定に保ち，気体の圧力を増加させると，平衡定数の値は大きくなる。

① (a), (b)　　② (a), (c)　　③ (a), (d)　　④ (b), (c)

⑤ (b), (d)　　⑥ (b), (e)　　⑦ (c), (d)　　⑧ (c), (e)

問10 沈殿生成に関する次の実験(a)～(e)のうち，沈殿（precipitate）ができるものが二つある。それらの組み合わせとして正しいものを，下の①～⑧の中から一つ選びなさい。ただし，塩化銀 AgCl の溶解度積（solubility product）を 1.8×10^{-10} (mol/L)^2，ヨウ化銀 AgI の溶解度積を 2.1×10^{-14} (mol/L)^2 とする。　10

(a) 2.0×10^{-5} mol/L 硝酸銀水溶液（AgNO$_3$）50 mL に 2.0×10^{-5} mol/L 塩化ナトリウム水溶液（NaCl）50 mL を加える。

(b) 2.0×10^{-4} mol/L 硝酸銀水溶液 50 mL に 2.0×10^{-4} mol/L 塩化ナトリウム水溶液 50 mL を加える。

(c) 4.0×10^{-5} mol/L 硝酸銀水溶液 50 mL に 2.0×10^{-6} mol/L 塩化ナトリウム水溶液 50 mL を加える。

(d) 2.0×10^{-7} mol/L 硝酸銀水溶液 50 mL に 2.0×10^{-7} mol/L ヨウ化カリウム水溶液（KI）50 mL を加える。

(e) 2.0×10^{-6} mol/L 硝酸銀水溶液 50 mL に 2.0×10^{-6} mol/L ヨウ化カリウム水溶液 50 mL を加える。

① (a), (b)　　② (a), (d)　　③ (a), (e)　　④ (b), (c)
⑤ (b), (d)　　⑥ (b), (e)　　⑦ (c), (d)　　⑧ (c), (e)

問11 18族元素（group 18 element）に関する次の記述として**誤っているもの**を，次の①～⑥の中から一つ選びなさい。　11

① 18族元素の単体はは，希ガス（rare gas）または貴ガス（noble gas）とよばれる単原子分子である。
② 18族元素の単体は，すべて無色・無臭の気体である。
③ 18族元素の原子の最外殻電子の数は，すべて8である。
④ ヘリウム He は水素の次に軽く，燃えないので，飛行船や気球などに用いられる。
⑤ ネオン Ne は放電管（discharge tube）に入れて放電させると，赤橙色（reddish orange）の光を発する。
⑥ アルゴン Ar は空気中に約1％含まれ，電球（lamp）などに用いられる。

問12 硫酸 H_2SO_4 の工業的な合成について，次の空欄 a ～ c にあてはまる語句と数値の組み合わせとして正しいものを，下表の①〜⑧の中から一つ選びなさい。12

黄鉄鉱 FeS_2 または硫黄 S を燃焼し，二酸化硫黄 SO_2 を発生させる。 a を触媒（catalyst）とし，二酸化硫黄を酸素で酸化し（oxidize），三酸化硫黄 SO_3 をつくる。三酸化硫黄を過剰（excessive）の濃硫酸 $conc.H_2SO_4$ に吸収させ，発煙硫酸にし，希硫酸 $dil.H_2SO_4$ でうすめて濃硫酸を合成する。このような硫酸の工業的製法を b という。黄鉄鉱 480 kg から，最大 c kg の 98％濃硫酸が合成される。

	a	b	c
①	白金 Pt	オストワルト法	200
②	白金 Pt	オストワルト法	800
③	白金 Pt	接触法	200
④	白金 Pt	接触法	800
⑤	酸化バナジウム（V）V_2O_5	オストワルト法	200
⑥	酸化バナジウム（V）V_2O_5	オストワルト法	800
⑦	酸化バナジウム（V）V_2O_5	接触法	200
⑧	酸化バナジウム（V）V_2O_5	接触法	800

注）オストワルト法（Ostwald process），接触法（contact process）

問13 亜鉛 Zn および水銀 Hg に関する次の記述について，空欄 a ～ d にあてはまる語句と化学式（chemical formula）の組み合わせとして正しいものを，下表の①～⑧の中から一つ選びなさい。 13

亜鉛は酸や塩基の水溶液と反応し， a を発生する両性金属（amphoteric metal）である。水酸化亜鉛 $Zn(OH)_2$ に過剰のアンモニア水 NH_3 aq を加えると錯イオン（complex ion）の b が生じる。鉄 Fe の板に亜鉛でめっき（planting）したものを c という。

また，水銀は唯一の常温で液体（liquid）の金属であり，さまざまな金属と d という合金（alloy）をつくる。

	a	b	c	d
①	水素 H_2	$[Zn(OH)_4]^{2-}$	ブリキ	アマルガム
②	H_2	$[Zn(OH)_4]^{2-}$	トタン	ジュラルミン
③	H_2	$[Zn(NH_3)_4]^{2+}$	ブリキ	ジュラルミン
④	H_2	$[Zn(NH_3)_4]^{2+}$	トタン	アマルガム
⑤	酸素 O_2	$[Zn(OH)_4]^{2-}$	ブリキ	アマルガム
⑥	O_2	$[Zn(OH)_4]^{2-}$	トタン	ジュラルミン
⑦	O_2	$[Zn(NH_3)_4]^{2+}$	ブリキ	ジュラルミン
⑧	O_2	$[Zn(NH_3)_4]^{2+}$	トタン	アマルガム

問14 次の図は，青色の結晶である硫酸銅（Ⅱ）五水和物 $CuSO_4 \cdot 5H_2O$ 100 g を徐々に加熱しながらその質量（mass）を測定したものである。温度(a)〜(c)における物質の化学式（chemical formula）の組み合わせとして正しいものを，下表の①〜⑦の中から一つ選びなさい。 14

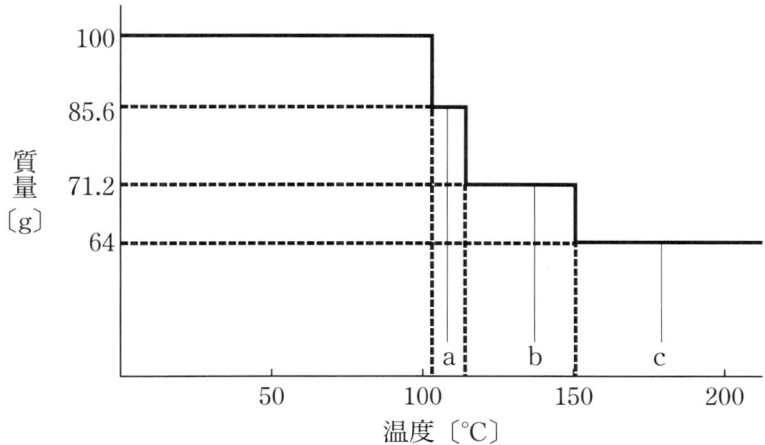

	(a)	(b)	(c)
①	$CuSO_4 \cdot 4H_2O$	$CuSO_4 \cdot 3H_2O$	$CuSO_4 \cdot 2H_2O$
②	$CuSO_4 \cdot 4H_2O$	$CuSO_4 \cdot 3H_2O$	$CuSO_4 \cdot H_2O$
③	$CuSO_4 \cdot 4H_2O$	$CuSO_4 \cdot 2H_2O$	$CuSO_4 \cdot H_2O$
④	$CuSO_4 \cdot 4H_2O$	$CuSO_4 \cdot 2H_2O$	$CuSO_4$
⑤	$CuSO_4 \cdot 3H_2O$	$CuSO_4 \cdot 2H_2O$	$CuSO_4 \cdot H_2O$
⑥	$CuSO_4 \cdot 3H_2O$	$CuSO_4 \cdot 2H_2O$	$CuSO_4$
⑦	$CuSO_4 \cdot 3H_2O$	$CuSO_4 \cdot H_2O$	$CuSO_4$

⑥

⑥

問17 ある芳香族化合物（aromatic compound）に関して，次の実験(a)〜(e)を行った。芳香族化合物 A，C，E の構造式の組み合わせとして最も適当なものを，次表の①〜⑧の中から一つ選びなさい。 | 17 |

(a) 分子量 108 の芳香族化合物 A 〜 E は，同一の分子式（molecular formula）をもち，5.40 mg を完全燃焼させたところ，二酸化炭素 CO_2 15.4 mg，水 H_2O 3.60 mg が生成した。

(b) A 〜 E に塩化鉄（Ⅲ）水溶液 $FeCl_3$ aq を加えると，A，B は呈色しなかったが，C 〜 E は青色（blue）に呈色した。

(c) C 〜 E のベンゼン環に直接結合した水素 H 原子1個を，臭素 Br 原子1個で置換（substitute）すると，C からは2種類，D，E からは4種類の化合物が得られた。

(d) A に硫酸（sulfuric acid）を加え，二クロム酸カリウム K_2CrO_7 で酸化（oxidize）すると，最終的に防腐剤（antiseptic）などに用いられる白色の結晶が得られた。

(e) E を無水酢酸（acetic anhydride）でアセチル化（acetylate）し，ベンゼン環に結合した炭化水素基を酸化すると，解熱鎮痛剤（analgesic antipyretic）として用いられる化合物が得られた。

	A	C	E
①	C₆H₅-CH₂OH	o-cresol (2-methylphenol)	p-cresol (4-methylphenol)
②	C₆H₅-CH₂OH	m-cresol (3-methylphenol)	o-cresol (2-methylphenol)
③	C₆H₅-CH₂OH	p-cresol (4-methylphenol)	m-cresol (3-methylphenol)
④	C₆H₅-CH₂OH	p-cresol (4-methylphenol)	o-cresol (2-methylphenol)
⑤	C₆H₅-OCH₃	o-cresol (2-methylphenol)	p-cresol (4-methylphenol)
⑥	C₆H₅-OCH₃	m-cresol (3-methylphenol)	o-cresol (2-methylphenol)
⑦	C₆H₅-OCH₃	p-cresol (4-methylphenol)	m-cresol (3-methylphenol)
⑧	C₆H₅-OCH₃	p-cresol (4-methylphenol)	o-cresol (2-methylphenol)

問18 次の図は，ニトロベンゼン（nitro benzen）から化合物（compound）を合成する経路を示したものである。空欄 a ～ c にあてはまる化合物，条件の組み合わせとして最も適当なものを，下の①～⑧の中から一つ選びなさい。 18

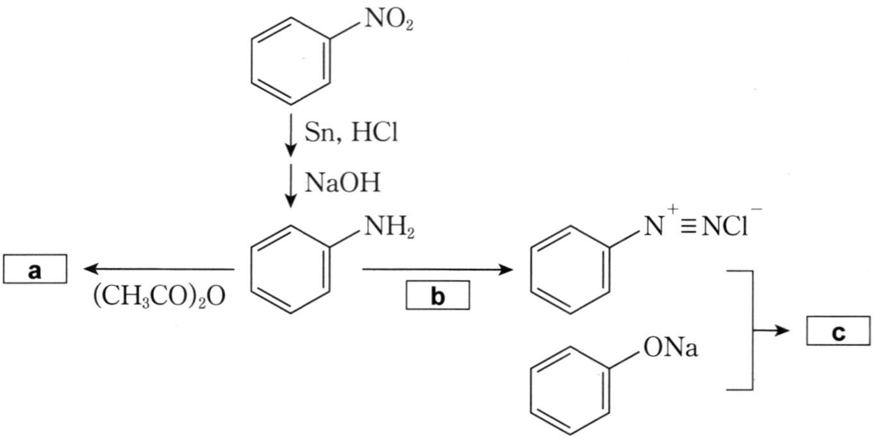

	a	b	c
①	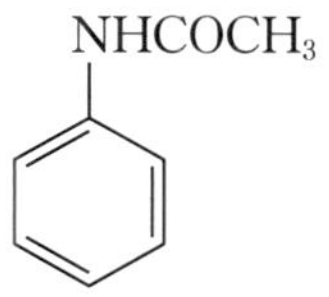	$NaNO_2$, HCl, 0 ～ 5℃	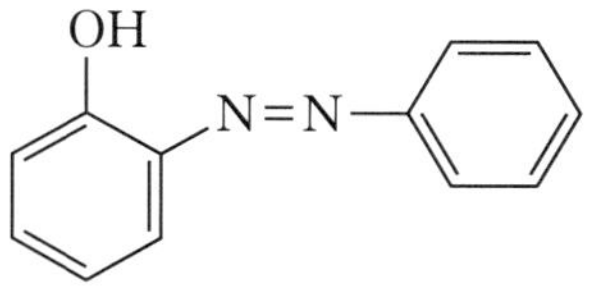
②	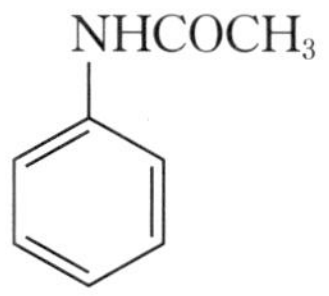	$NaNO_2$, HCl, 0 ～ 5℃	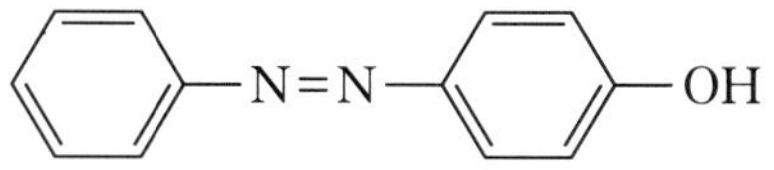
③	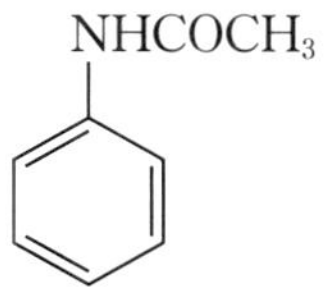	$NaNO_2$, HCl, 加熱（heating）	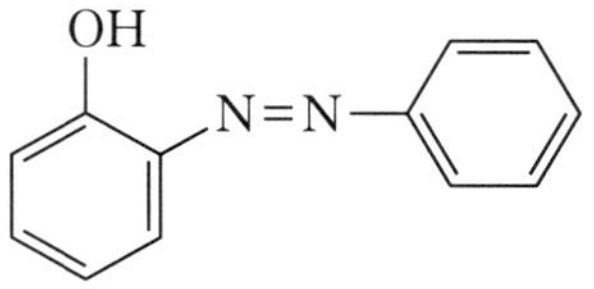
④	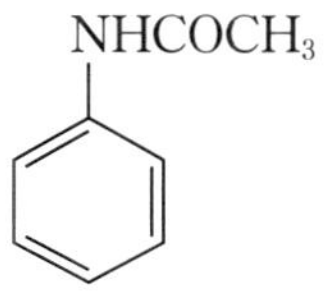	$NaNO_2$, HCl, 加熱	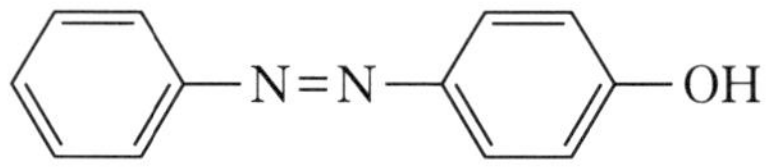
⑤	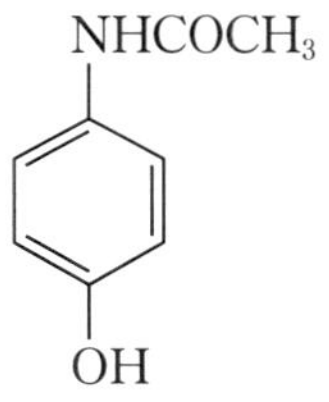	$NaNO_2$, HCl, 0 ～ 5℃	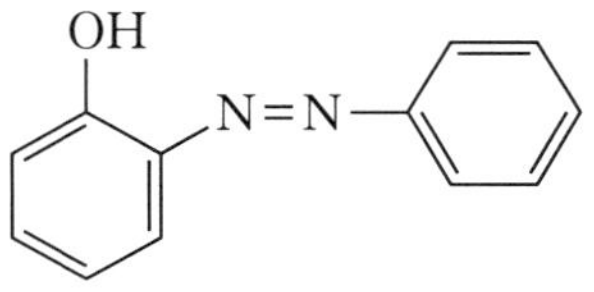
⑥	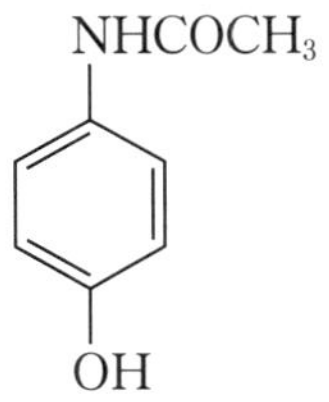	$NaNO_2$, HCl, 0 ～ 5℃	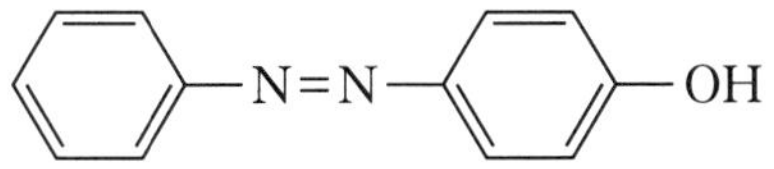
⑦	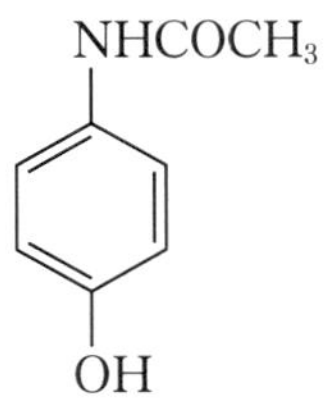	$NaNO_2$, HCl, 加熱	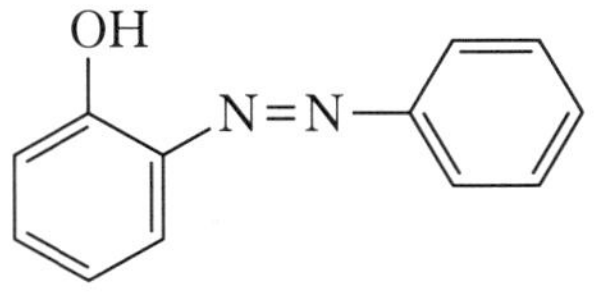
⑧	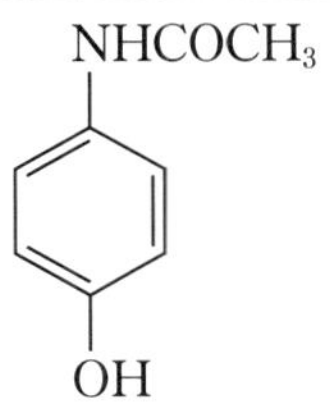	$NaNO_2$, HCl, 加熱	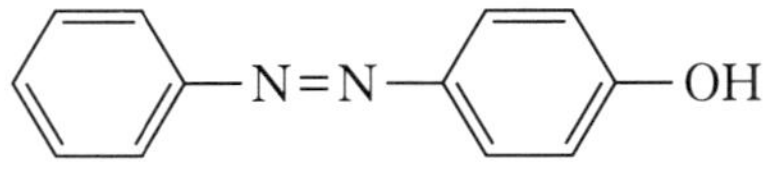

問19　共重合（copolymerization）によってつくられたスチレン–ブタジエンゴム（styrene-butadiene rubber）2.00 g に水素 H_2 を付加させると，標準状態で 0.56 L の水素が消費された。このスチレン–ブタジエンゴムのスチレン（分子量104）と 1,3-ブタジエン（分子量54）の物質量の比（スチレン：1,3-ブタジエン）に最も近いものを，次の①～⑥の中から一つ選びなさい。　19

① 1：3　　　　② 1：4　　　　③ 1：5
④ 2：3　　　　⑤ 2：5　　　　⑥ 3：4

問20　天然有機化合物（natural organic compounds）に関する記述として**誤っているもの**を，次の①～⑥の中から一つ選びなさい。　20

① スクロース（sucrose）を加水分解させて得られる転化糖（invert sugar）は，還元性（reducing）を示さない。
② α-グルコース（glucose）が縮合重合（condensation polymerization）したデンプン（starch）は，還元性を示さない。
③ β-グルコースが縮合重合したセルロース（cellulose）は，直線状の構造をもつ。
④ α-アミノ酸であるグリシン（glycine）は，鏡像異性体（enantiomer）が存在しない。
⑤ ベンゼン環（benzene ring）をもつタンパク質（protein）は，キサントプロテイン反応（xanthoprotein reaction）により，黄色（yellow）に呈色する。
⑥ タンパク質は熱だけでなく，酸（acid）や塩基（base）により変性（denaturation）することもある。

第 ② 回 模擬試験

解答時間：40分

2

問1 次の記述において，空欄 a ～ c にあてはまる用語と数値の組み合わせとして最も適当なものを，下表の①～⑥の中から一つ選びなさい。

原子番号 37 のルビジウム Rb は，^{85}Rb（相対質量（relative atomic mass）84.9），^{87}Rb（相対質量 86.9）の a が存在し，その原子量（atomic weight）は，85.5 である。また，^{85}Rb の存在比（abundance ratio）は b ％，^{83}Rb の存在比は c ％である。

1

	a	b	c
①	同位体（isotope）	30.0	70.0
②	同位体	70.0	30.0
③	同位体	50.0	50.0
④	同素体（allotrope）	30.0	70.0
⑤	同素体	70.0	30.0
⑥	同素体	50.0	50.0

問2 次の図は，単位格子（unit cell）の一辺の長さが，4.3×10^{-8} cm の金属ナトリウム Na の結晶構造（crystal structure）を示したものである。

ナトリウム原子の原子半径（atomic radius）は何 cm か。また，単位格子中のナトリウム原子が占める体積の割合（充填率（packing factor））は何％か。それらの数値の組み合わせとして最も適当なものを，下表の①〜⑥の中から一つ選びなさい。ただし，$\sqrt{2} = 1.4$，$\sqrt{3} = 1.7$，円周率（circular constant）$= 3.14$ とする。　**2**

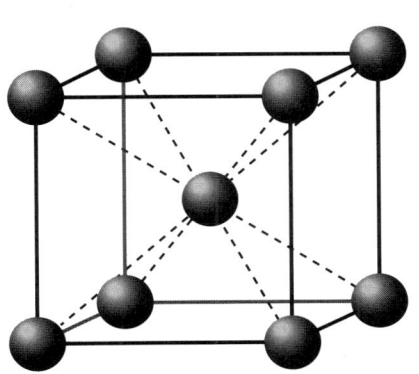

	原子半径	充填率
①	1.5×10^{-8} cm	67 %
②	1.5×10^{-8} cm	73 %
③	1.8×10^{-8} cm	67 %
④	1.8×10^{-8} cm	73 %
⑤	1.0×10^{-7} cm	67 %
⑥	1.0×10^{-7} cm	73 %

問3 硫酸銅(II)五水和物 $CuSO_4 \cdot 5H_2O$ 62.5 g を水に溶かし，1.0 L の溶液（solution）をつくった。この水溶液の質量モル濃度（molality）に最も近い値を，次の①〜⑤の中から一つ選びなさい。ただし，この水溶液の密度（density）は 1.14 g/cm³ とする。

$\boxed{3}$ mol/kg

① 0.23　　② 0.25　　③ 0.39　　④ 1.1　　⑤ 55

問4 タンパク質（protein）を含むある食品 1.0 g に，濃硫酸 conc.H_2SO_4 を加えて加熱すると硫酸アンモニウム $(NH_4)_2SO_4$ が生成し，さらに水酸化ナトリウム水溶液 NaOHaq を加えて加熱するとアンモニア NH_3 が発生した。この操作により，食品のタンパク質に含まれる窒素はすべてアンモニアに変化した。

このアンモニアを 0.020 mol/L の硫酸 H_2SO_4 40 mL に吸収させた後，指示薬（indicator）を加えて，0.010 mol/L の水酸化ナトリウム水溶液で滴定（titration）を行ったところ，25 mL で色が変化した。

この食品に含まれるタンパク質の質量パーセント（mass percentage concentration）に最も近い値を，次の①〜⑥の中から一つ選びなさい。ただし，タンパク質に含まれる窒素の質量パーセントは16%とする。

$\boxed{4}$ %

① 0.34　　② 0.84　　③ 1.9　　④ 4.8　　⑤ 12　　⑥ 17

問5　次表の熱化学方程式（thermochemical equation）と反応熱（heat of reaction）の種類の組み合わせとして**誤っているもの**を，①～⑥の中から一つ選びなさい。　5

	熱化学方程式	反応熱の種類
①	KNO_3（固） + aq = KNO_3 aq − 35 kJ	溶解熱（heat of dissolution）
②	C（黒鉛） + $\frac{1}{2}O_2$（気） = CO（気） + 111 kJ	燃焼熱（heat of combustion）
③	H_2O（液） = H_2O（気） − 44 kJ	蒸発熱（heat of vaporization）
④	HClaq + NaOHaq = NaClaq + H_2O（液） + 57 kJ	中和熱（heat of neutralization）
⑤	$\frac{1}{2}N_2$（気） + $\frac{3}{2}H_2$（気） = NH_3（気） + 46 kJ	生成熱（heat of formation）
⑥	I_2（固） = I_2（気） − 62 kJ	昇華熱（heat of sublimation）

問6　次の(a)～(f)の物質のうち，下線部の酸化数（oxidation number）が最も大きなものと，最も小さなものの組み合わせとして正しいものを，下の①～⑧の中から一つ選びなさい。　6

(a)　$H_2\underline{O}_2$　　　(b)　$\underline{S}O_2$　　　(c)　H$\underline{N}O_3$
(d)　$H_2\underline{S}$　　　(e)　K$\underline{Mn}O_4$　　　(f)　$H_2\underline{S}O_4$

① (a), (c)　② (a), (e)　③ (a), (f)　④ (b), (d)
⑤ (c), (d)　⑥ (d), (e)　⑦ (d), (f)　⑧ (e), (f)

問7 次の図のように，電解槽A〜Cをつないで電気分解（electrolysis）を行った。

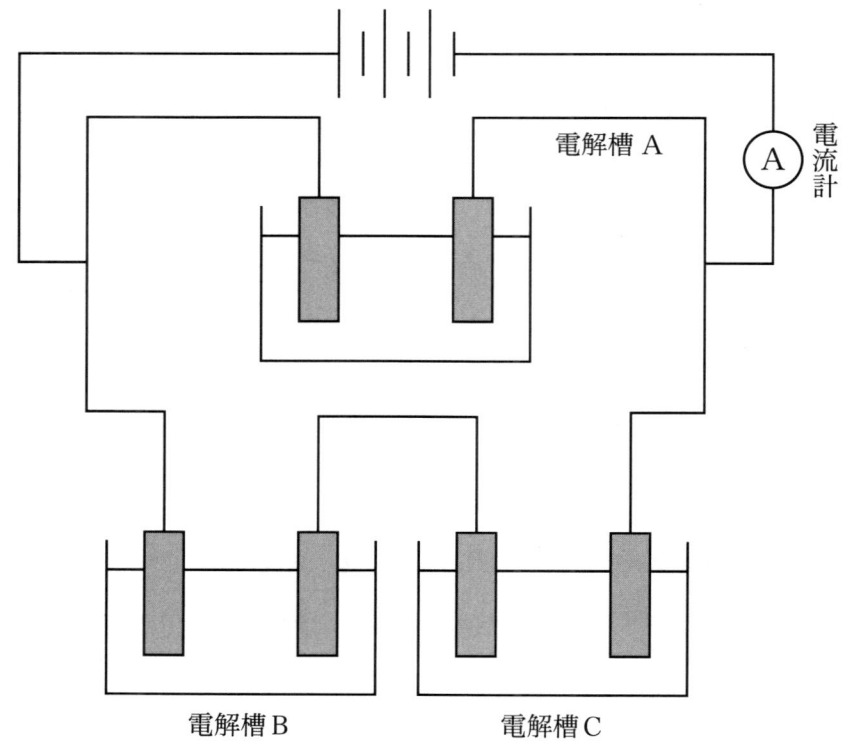

これに関する記述について，空欄 a 〜 c にあてはまる数値の組み合わせとして最も適当なものを，下表の①〜⑧の中から一つ選びなさい。ただし，発生した気体は溶液に溶けないものとし，$\log_{10}2 = 0.30$，$\log_{10}3 = 0.48$，$\log_{10}11 = 1.04$ とする。

7

電極（electrode）はすべて白金 Pt を用いて，電解槽 A には水酸化ナトリウム水溶液 NaOHaq，電解槽 B には硫酸銅（II）水溶液 $CuSO_4aq$，電解槽 C には 0.0100 mol/L の硝酸銀水溶液 $AgNO_3aq$ を 600 mL ずつ入れた。2.00 A の電流を 32 分 10 秒間流したところ，電解槽 C の陰極（cathode）の質量が 3.24 g 増加した。このとき，電解槽 A の陰極で発生する気体の体積は標準状態（standard state）で $\boxed{a}$ mL，電解槽 B の陰極に析出する金属の質量は $\boxed{b}$ g である。また，電気分解後，電解槽 C の陽極（anode）付近の pH は $\boxed{c}$ になる。

	a	b	c
①	112	0.960	1.30
②	112	0.960	1.18
③	112	1.28	1.30
④	112	1.28	1.18
⑤	336	0.960	1.30
⑥	336	0.960	1.18
⑦	336	1.28	1.30
⑧	336	1.28	1.18

⑧

問 9 次の図のように，断面積 1.00 cm² の U 字管（U-tube）を半透膜（semipermeable membrane）で仕切り，A には水 50.0 mL，B には非電解質（nonelectrolyte）1.01 g を水に溶かした溶液（solution）50.0 mL を入れた。27℃でしばらく放置すると，A と B の液面の差が 10.0 cm になった。この非電解質の分子量（molecular weight）に最も近い値を，下の①〜⑥の中から一つ選びなさい。ただし，760 mmHg = 1.01 × 10⁵ Pa，水銀 Hg の密度（density）を 13.6 g/cm³，放置前後の非電解質溶液の密度を 1.00 g/cm³ とし，半透膜は水のみを通すものとする。 9

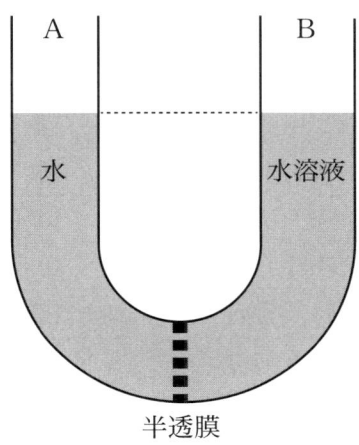

① 5.31　　　　　② 5.25 × 10²　　　　　③ 5.48 × 10²

④ 5.15 × 10⁴　　⑤ 5.67 × 10⁴　　　　　⑥ 1.13 × 10⁵

問10　触媒（catalyst）がある条件下で，二酸化硫黄 SO_2 と酸素 O_2 は次の反応式に示す平衡状態（equilibrium state）になる。

$$2SO_2 + O_2 \rightleftharpoons 2SO_3$$

10 L の容器に 0.20 mol の SO_2 と 0.10 mol の O_2 を入れて，427℃に保つと，混合気体の体積のうち 40 ％の三酸化硫黄 SO_3 が生成して平衡に達した。この条件における濃度平衡定数 K_c（concentration equilibrium constant）と圧平衡定数 K_p（pressure equilibrium constant）として最も近い値の組み合わせを，次表の①〜⑧の中から一つ選びなさい。　**10**

	濃度平衡定数 K_c	圧平衡定数 K_p
①	1.0×10 L/mol	1.7×10^{-6} Pa^{-1}
②	1.0×10 L/mol	5.8×10^{7} Pa
③	1.0×10^2 L/mol	1.7×10^{-5} Pa^{-1}
④	1.0×10^2 L/mol	5.8×10^{8} Pa
⑤	2.0×10 L/mol	3.4×10^{-6} Pa^{-1}
⑥	2.0×10 L/mol	1.2×10^{8} Pa
⑦	2.0×10^2 L/mol	3.4×10^{-5} Pa^{-1}
⑧	2.0×10^2 L/mol	1.2×10^{9} Pa

問11 次の図は周期表（periodic table）の一部を表している。元素（element）**a〜m**に関する下の記述①〜⑥のうち，**誤っているもの**を一つ選びなさい。　11

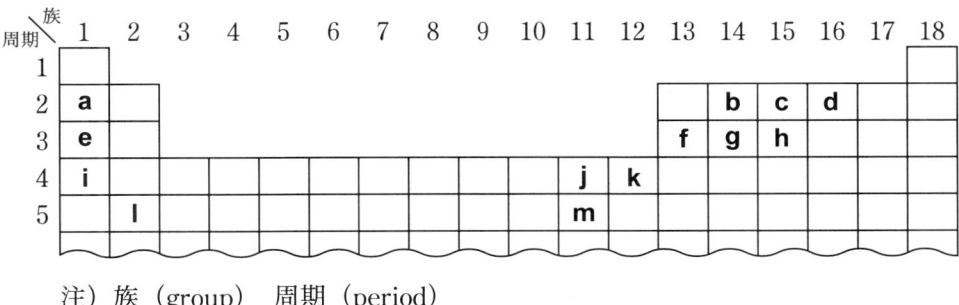

注）族（group）　周期（period）

① **a〜m**のうち，非金属元素（nonmetallic element）は，**b, c, d, g, h**である。

② **a〜m**のうち，単体が同素体（allotrope）をもつものは，**b, d, h**である。

③ **k**の酸化物は酸性酸化物（acidic oxide），**h**の酸化物は両性酸化物（amphoteric oxide）である。

④ **a, e, i**は，アルカリ金属元素（alkali metals）である。

⑤ **a, e, i, j, l**は，炎色反応（flame reaction）を示す。

⑥ **j**と**m**の単体は，希硝酸 dil.HNO_3 には溶けるが，希塩酸 dil.HCl には溶けない。

問12 炭酸ナトリウム Na_2CO_3 の工業的製法に関する次の記述において，空欄 a ～ d にあてはまる語句と数値の組み合わせとして正しいものを，下表の①～⑧の中から一つ選びなさい。 12

塩化ナトリウムの飽和水溶液 NaClaq にアンモニア NH_3 と二酸化炭素 CO_2 を通じると， a が沈殿する。この a を熱分解すると炭酸ナトリウム Na_2CO_3 が生成する。上記の反応に必要な二酸化炭素の一部は b を熱分解することで得られる。このような炭酸ナトリウムの工業的製法をアンモニアソーダ法または c という。

この方法で，4.00 t の塩化ナトリウムから，最大 d t の炭酸ナトリウムが合成される。

	a	b	c	d
①	$NaHCO_3$	$CaCO_3$	ソルベー法	3.62
②	$NaHCO_3$	$CaCO_3$	ソルベー法	7.25
③	$NaHCO_3$	$Ca(OH)_2$	オストワルト法	3.62
④	$NaHCO_3$	$Ca(OH)_2$	オストワルト法	7.25
⑤	NH_4Cl	$CaCO_3$	ソルベー法	3.62
⑥	NH_4Cl	$CaCO_3$	ソルベー法	7.25
⑦	NH_4Cl	$Ca(OH)_2$	オストワルト法	3.62
⑧	NH_4Cl	$Ca(OH)_2$	オストワルト法	7.25

注）ソルベー法（Solvay process） オストワルト法（Ostwald process）

問13 0.054 g のアルミニウム Al に 1.0 mol/L の希塩酸 dil.HCl を加え，発生した水素 H_2 を 27℃，1.036×10^5 Pa のもと，水上置換（displacement water）で捕集した。このとき加えた希塩酸の体積と，発生した水素の体積との関係を表すグラフとして正しいものを，次の①～⑥の中から一つ選びなさい。ただし，27℃における水の飽和蒸気圧（saturated vapor pressure）は 3.6×10^3 Pa とする。

13

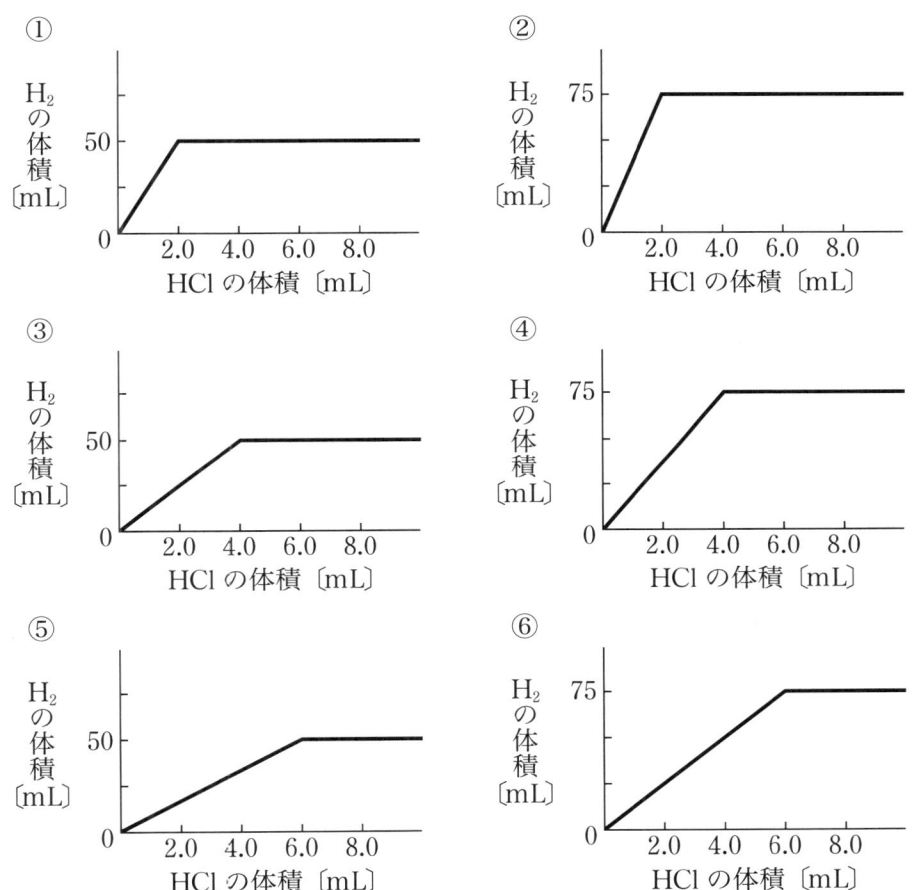

問14 鉄(Ⅱ)イオン Fe^{2+} または鉄(Ⅲ)イオン Fe^{3+} に関する次の記述(a)〜(e)のうち，正しいものが二つある。それらの組み合わせを，下の①〜⑧の中から一つ選びなさい。

|14|

(a) 鉄(Ⅱ)イオン Fe^{2+} に水酸化ナトリウム水溶液 NaOHaq を加えると，赤褐色沈殿（reddish-brown precipitate）が生成する。

(b) 鉄(Ⅲ)イオン Fe^{3+} は，酸化（oxidation）されると鉄(Ⅱ)イオン Fe^{2+} に変化する。

(c) 鉄(Ⅲ)イオン Fe^{3+} にヘキサシアニド鉄(Ⅱ)酸カリウム水溶液 $K_4[Fe(CN)_6]$aq を加えると，濃青色沈殿が生成する。

(d) 鉄(Ⅱ)イオン Fe^{2+} に酸性条件下で硫化水素（hydrogen sulfide）H_2S を通じると，白色沈殿が生成する。

(e) 鉄(Ⅲ)イオン Fe^{3+} にチオシアン酸カリウム水溶液 KSCNaq を加えると，血赤色溶液になる。

① (a), (c)　　② (a), (d)　　③ (a), (e)　　④ (b), (d)
⑤ (b), (e)　　⑥ (c), (d)　　⑦ (c), (e)　　⑧ (d), (e)

④

問16 標準状態で 2.24 L のエタン（ethane）とアルケン（alkene）A の混合気体がある。混合気体を完全燃焼させるのに必要な酸素 O_2 は，標準状態で 9.52 L であった。また，混合気体に水素 H_2 を付加させると，標準状態で 0.672 L の水素が消費された。アルケン A は，幾何異性体（geometrical isomer）（シス–トランス異性体（cis-trans isomers））をもつ。このアルケン A の構造として最も適当なものを，次の①〜⑥の中から一つ選びなさい。 $\boxed{16}$

① $CH_2=C(CH_3)_2$ 　　　② $CH_2=CHCH_2CH_3$

③ $CH_3CH=CHCH_3$ 　　　④ $CH_3CH=CHCH_2CH_3$

⑤ $CH_3CH=C(CH_3)_2$ 　　　⑥ $CH_3CH_2CH=CHCH_2CH_3$

問17 次の図は，ベンゼン（benzene）から染料に用いられる色素を合成する経路を示したものである。試薬 a，b と，空欄 c にあてはまる反応名の組み合わせとして最も適当なものを，下表の①〜⑧の中から一つ選びなさい。 17

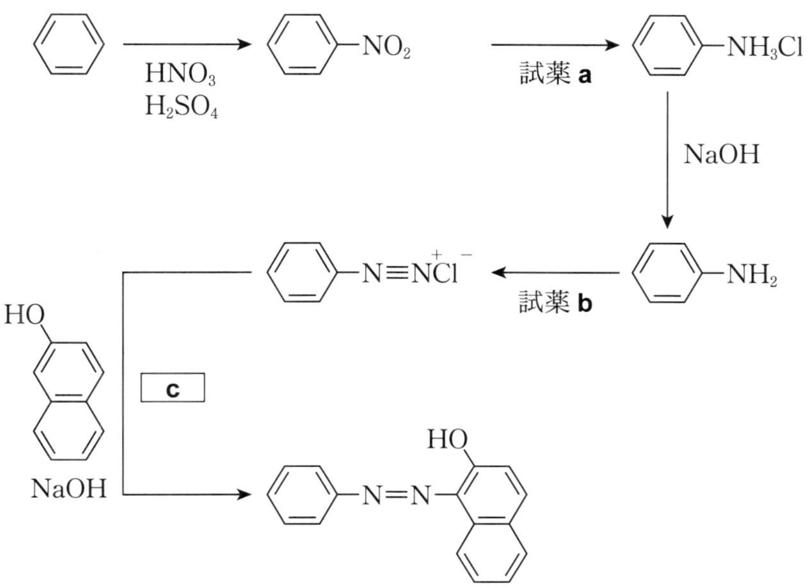

	試薬 a	試薬 b	c
①	NH_3，HCl	HNO_3，HCl	カップリング（coupling）
②	NH_3，HCl	HNO_3，HCl	ジアゾ化（diazotization）
③	NH_3，HCl	$NaNO_2$，HCl	カップリング
④	NH_3，HCl	$NaNO_2$，HCl	ジアゾ化
⑤	Sn，HCl	HNO_3，HCl	カップリング
⑥	Sn，HCl	HNO_3，HCl	ジアゾ化
⑦	Sn，HCl	$NaNO_2$，HCl	カップリング
⑧	Sn，HCl	$NaNO_2$，HCl	ジアゾ化

問18 トルエン（toluene），アニリン（aniline），フェノール（phenol），安息香酸（benzoic acid）を含むジエチルエーテル（diethyl ether）溶液がある。次の図は，これらの芳香族化合物を分離させる手順を示したものである。これらのうち，塩となって水層 a，水層 c に溶解した化合物の組み合わせとして最も適当なものを，下表の①〜⑧の中から一つ選びなさい。ただし，分離操作により，イオン（ion）として存在するものもある。　18

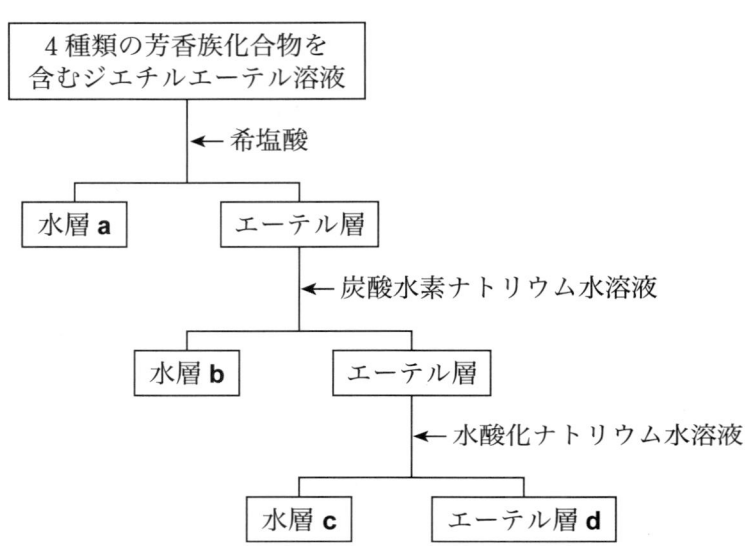

	水層 a	水層 c
①	フェノール	トルエン
②	フェノール	アニリン
③	アニリン	安息香酸
④	アニリン	フェノール
⑤	安息香酸	トルエン
⑥	安息香酸	フェノール
⑦	トルエン	安息香酸
⑧	トルエン	アニリン

問19 ⑥ （75 %, 92 g）

問20 合成高分子化合物に関する次の記述①〜⑥のうち，**誤っているもの**を一つ選びなさい。　　　20

① ポリエチレンテレフタラート（poly ethylene terephthalate）はエチレングリコールとテレフタル酸の付加重合（addition polymerization）によって合成される。

② ナイロン（nylon）6 は，ε-カプロラクタムの開環重合（ring-opening polymerization）によって合成される。

③ ビニロン（vinylon）は，ポリビニルアルコール（poly vinyl alcohol）にホルムアルデヒドを作用させるアセタール化により合成される。

④ フェノール樹脂（phenol resin）は，フェノールとホルムアルデヒドの付加縮合（addition condensation）によって合成される熱硬化性樹脂（thermosetting resin）である。

⑤ ポリプロピレン（poly propylene）は，プロペンの付加重合によって合成される熱可塑性樹脂（thermoplastic resin）である。

⑥ 塩化ナトリウム水溶液 NaClaq を陽イオン交換樹脂（cation-exchange resin）に通すと，希塩酸 dil.HCl が流出する。

第 ③ 回 模擬試験

解答時間：40分

3

問 1 原子（atom）に関する次の記述①〜⑤のうち，正しいものを一つ選びなさい。

<u>　1　</u>

① 原子の大きさは，原子核（nucleus）の大きさにほぼ等しい。
② 自然界に存在するすべての原子の原子核は，陽子と中性子（neutron）からできている。
③ 陽子の数と電子の数の和が，その原子の質量数（mass number）である。
④ 中性子の数が等しく，陽子の数が異なる原子どうしを，互いに同位体（isotope）という。
⑤ 原子核のまわりの電子の数が原子番号と異なる粒子も存在し，そのような粒子をイオンと呼ぶ。

問 2 分子量 M の物質を水に溶解させ，モル濃度（molar concentration）を c〔mol/L〕にした水溶液がある。水溶液の密度を d〔g/cm³〕として，この水溶液の質量パーセント濃度（mass percentage）を表す式として正しいものを，次の①〜⑥の中から一つ選びなさい。

<u>　2　</u>〔%〕

① $\dfrac{10d}{cM}$ 　　② $\dfrac{10}{cMd}$ 　　③ $\dfrac{d}{10cM}$

④ $\dfrac{cM}{10d}$ 　　⑤ $\dfrac{M}{10dc}$ 　　⑥ $\dfrac{Md}{10c}$

問3 酢酸（acetic acid）12 g に水を加え，溶液の体積を 100 mL にしたところ，質量は 100 g になった。また，この溶液中の酢酸の電離度（degree of electrolytic dissociation）は 5.0×10^{-3} であった。この溶液に関する次の記述①～⑤のうち，正しいものを一つ選びなさい。　　　3

① この溶液中の酢酸イオンの物質量は 1.0×10^{-3} mol である。
② この溶液を中和（neutralization）するのに必要な水酸化ナトリウムの物質量は 1.0×10^{-2} mol である。
③ この溶液に水を加えて 10 倍に薄めても，酢酸の電離度は変わらない。
④ この酢酸水溶液の質量パーセント濃度は 11.4 % である。
⑤ この酢酸水溶液のモル濃度は 0.20 mol/L である。

問4 次に示す水溶液の説明①～⑤のうち，水または水溶液の温度を室温から上昇させたとき，減少するものを，一つ選びなさい。　　　4

① 過マンガン酸カリウム（potassium permanganate）水溶液とシュウ酸（oxalic acid）の反応速度（reaction rate）
② 塩化ナトリウム（sodium chloride）の希薄水溶液の質量モル濃度
③ スクロース（ショ糖）の希薄水溶液の浸透圧
④ 密閉した容器に入れたグルコース（ブドウ糖）の希薄水溶液の蒸気圧（vapor pressure）
⑤ 一定圧力のもとで，一定量の水に溶解（dissolution）する窒素の質量

問 5 水和水 (hydration water) をもつ硫酸鉄 (Ⅱ) (iron(II) sulfate) の結晶 0.225 g を水 25 mL に溶かし,0.010 mol/L の過マンガン酸カリウムの硫酸酸性水溶液で滴定したところ,滴下量が 20 mL を超えると,溶液の色は赤紫色になった。この硫酸鉄の結晶 $FeSO_4 \cdot nH_2O$ の水和水の数 n(整数)に最も近い値を,次の①〜⑥の中から一つ選びなさい。

ただし,式量は $FeSO_4 = 152$ とする。

① 1　　② 2　　③ 3　　④ 4　　⑤ 5　　⑥ 6

問 6 右の図は,水の 3 つの状態(固体,液体,気体)の境界の温度 (temperature) と圧力 (pressure) の変化の概略を示したものである。いま,水が図の点 a の状態にあるとき,一定温度 273 K で境界線をよぎって矢印 a → b の方向へ圧力 p を変えた。このとき,圧力 p と水の体積 v の関係を表すグラフとして正しいものを,次の①〜⑤の中から一つ選びなさい。

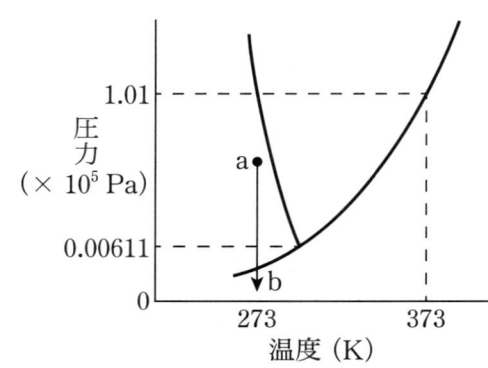

①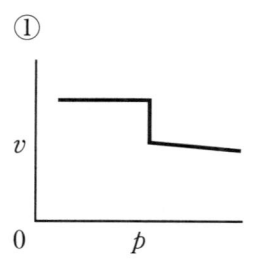

②

③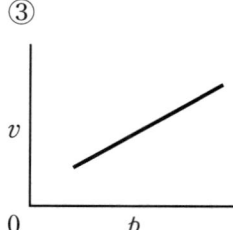

④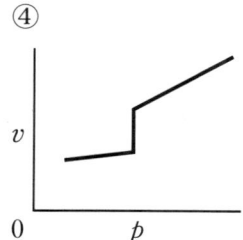

⑤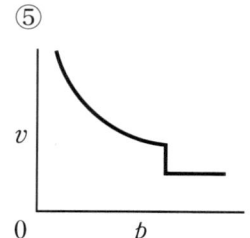

問7　物質の電子（electron）に関する次の記述①～⑥のうち，**誤っているもの**を一つ選びなさい。　7

① 炭素原子，窒素原子，および酸素原子を比べると，価電子（valence electron）の数が多い原子ほど原子価（valence）の値が小さい。
② メタン（methane）分子では，すべての電子が共有結合に用いられている。
③ メタン分子，アンモニア分子，および水分子では，1分子中の共有電子対の数と非共有電子対（unshared electron pair）の数を足した値が互いに等しい。
④ アセチレン（acetylene）分子と窒素分子では，1分子中の共有電子対の数と非共有電子対の数を足した値が互いに等しい。
⑤ トルエン（toluene）分子とフェノール（phenol）分子では，1分子中の総電子数が互いに等しい。
⑥ o-キシレン分子とエチルベンゼン分子では，1分子に含まれるすべての原子の原子価の総和が互いに等しい。

問8　酢酸とエタノールの混合物を濃硫酸を加えて一定温度でかくはんしたところ，次の反応が進行した。

$$CH_3COOH + C_2H_5OH \rightleftharpoons CH_3COOC_2H_5 + H_2O$$

酢酸 1.0 mol とエタノール 1.0 mol の混合物を体積が変化しないある容器で反応させ，ある一定温度で平衡（equilibrium）に達したとき，酢酸は 0.25 mol に減少していた。

これとは別に，酢酸 1.0 mol，エタノール 1.0 mol，水 4.0 mol の混合物を同じ容器で同様に反応させ，同じ温度で平衡に達したとき，容器内の酢酸エチルは何 mol か。最も近い値を，次の①～⑤の中から一つ選びなさい。　8

① 0.1　　② 0.2　　③ 0.5　　④ 0.7　　⑤ 1.0

問9　石灰石 $CaCO_3$ と HCl との反応は，実験室で気体を発生させる方法である。A欄からは発生する気体を，B欄からは反応の型を，また，C欄からは発生する気体の性質の組み合わせとして最も適当なものを，下表の①〜⑥の中から一つ選びなさい。　9

	A	B	C
①	CO_2	酸化還元	水溶液は強酸性を示す
②	CO_2	弱酸の遊離	消火剤として用いる
③	CO_2	弱酸の遊離	不活性な気体で反応しない
④	Cl_2	酸化還元	黄緑色で刺激臭がある
⑤	Cl_2	酸化還元	点火すると緑色の炎をあげて燃焼（combustion）する
⑥	Cl_2	酸化還元	水溶液は強酸性を示す

問10　酸，塩基，およびそれらの反応に関する次の記述①〜⑥のうち，**誤っているもの**を一つ選びなさい。　10

① 中和滴定（neutralization titration）に用いられる指示薬は，H^+ や OH^- と反応して鋭敏に色調を変える。

② 0.1 mol/L 硫酸の電離度と 0.1 mol/L の塩酸の電離度はほぼ同じである。

③ 0.1 mol/L の硫酸 30 mL に，0.1 mol/L の水酸化バリウム（barium hydroxide）水溶液を加えていくと，30 mL 加えたところで水溶液のイオンの濃度の総和は最小になる。

④ 酸性水溶液では，$Zn(OH)_2$ は塩基として作用して H^+ を受け取る。

⑤ 弱塩基（weak base）を強酸で滴定するときは，メチルオレンジを指示薬として用いることができる。

⑥ 水溶液では，H^+ は水分子と結合して H_3O^+ として存在する。

問11 ハロゲン（halogen）の単体および化合物に関する次の記述①〜⑤のうち，正しいものを一つ選びなさい。 11

① フッ素（fluorine）は，ハロゲンの単体の中で最も還元されやすい。
② ハロゲンの単体は，いずれも常温・常圧で水と反応して酸素を発生する。
③ 臭素とヨウ素は，どちらも常温・常圧で液体である。
④ フッ化水素の水溶液は，ハロゲン化水素の水溶液の中で最も強い酸性（acidity）を示す。
⑤ フッ化水素は，ハロゲン化水素の中で最も沸点（boiling point）が低い。

問12 次の(a)〜(f)の文章について，金属の元素記号（symbol of element）の組み合わせとして最も適当なものを，下表の①〜④の中から一つ選びなさい。 12

(a) この元素は青銅（bronze）やはんだに多量に含まれる金属元素である。
(b) この元素の酸素との化合物は，接触法による硫酸製造時に触媒（catalyst）として用いられる。
(c) この元素の単体はやわらかくて密度が大きい。放射線の遮へい材に用いられる。化合物は硝酸塩（nitrate）と酢酸塩を除いて水に溶けにくい。
(d) この元素はニクロム（合金）に含まれる。また，水素付加の触媒として用いられる。
(e) この元素の単体は辰砂（cinnabar）を加熱すると得られる。他の金属との合金をアマルガム（amalgam）という。
(f) この元素を含むオキソ酸（oxoacid）のカリウム塩には，塩基性条件で硝酸銀水溶液を加えると赤褐色の沈殿（precipitate）を生じるものがある。

	(a)	(b)	(c)	(d)	(e)	(f)
①	Pb	V	Pb	Ni	Hg	Cr
②	Pb	Fe	Sn	Cr	Cd	Mn
③	Sn	V	Pb	Ni	Hg	Cr
④	Sn	Fe	Sn	Cr	Cd	Mn

問13　単体のアルミニウムは，氷晶石 Na_3AlF_6 に酸化アルミニウム Al_2O_3 を混合して融解 (fusion) し，炭素電極を用いた溶融塩電解（融解塩電解）(fused salt electrolysis) により製造される。陰極ではアルミニウムが得られ，陽極では炭素電極の炭素と酸化物イオン O^{2-} との電解反応によって，一酸化炭素と二酸化炭素が生成する。

　この融解塩電解で 965 A の電流を 100 時間流し，この電解で，一酸化炭素の 2.50 倍の物質量の二酸化炭素が生成するとき，減少する炭素電極の質量は何 kg か。最も近い値を，次の①〜⑥の中から一つ選びなさい。　　**13** kg

①　6　　　②　8　　　③　11　　　④　13　　　⑤　16　　　⑥　19

問14 同じ濃度の３種類の金属イオンを含む水溶液Aがある。含まれている金属イオン（metal ion）は，Ag^+，Al^{3+}，Ca^{2+}，Cu^{2+}，K^+，Zn^{2+}のどれかである。次の(i)～(iii)に示す実験で得られた，水溶液A，ろ液B，ろ液Cに関する記述(a)～(f)の中に正しいものが二つある。その組み合わせとして正しいものを，下の①～⑧の中から一つ選びなさい。　14

(i) 水溶液Aに塩酸を加えたところ，沈殿が生じた。ろ過して，ろ液Bと沈殿に分別した。さらに，ろ液Bに塩酸を加えても沈殿が生じなかった。

(ii) ろ液Bにアンモニア水を加えたところ，白色沈殿が生じた。さらに過剰のアンモニア水を加えると白色沈殿の一部分が溶解したので，白色沈殿の溶解が認められなくなるまでアンモニア水を加えた。ろ過により，ろ液Cと沈殿に分別した。

(iii) ろ液Cに硫化水素（hydrogen sulfide）を吹き込むと，沈殿が生じた。

(a) 水溶液Aにアンモニア水（aqueous ammonia, ammonia water）を加えると，沈殿が生じる。さらに過剰のアンモニア水を加えると，沈殿の一部が溶解し，溶液の色が深青色に変わる。

(b) 水溶液Aに過剰のアンモニア水を加えた後でろ過すると，無色透明なろ液が得られる。これに硝酸（nitric acid）を加えて酸性にしてから硫化水素を吹き込むと，黒色沈殿が生じる。

(c) ろ液Bに水酸化ナトリウム水溶液を加えると，沈殿が生じる。さらに過剰の水酸化ナトリウム水溶液を加えると，沈殿が全て溶解する。

(d) ろ液Bに過剰な水酸化ナトリウム水溶液を加えた後でろ過し，そのろ液に硫化水素を吹き込んでも，沈殿は生じない。

(e) ろ液Bに硫化水素を吹き込んだ後でアンモニア水を加えていくと，黒色沈殿が生じる。

(f) ろ液Cに硫酸を加えると，白色沈殿が生じる。

① (a), (b)　　② (a), (c)　　③ (b), (c)　　④ (b), (d)
⑤ (c), (d)　　⑥ (c), (e)　　⑦ (d), (e)　　⑧ (d), (f)

問15 新素材とその用途に関する次の記述a～dについて，正誤の組み合わせとして最も適当なものを，下表の①～⑧の中から一つ選びなさい。 15

a 高純度のケイ素は，光エネルギーを電気エネルギーに変換するための太陽電池（solar cell）に使用されている。

b 炭素繊維（carbon fiber）は，軽量で引っ張り強さに優れているので，航空機の部品として使用されている。

c 窒化ケイ素は，透明性が高く，耐熱性に優れているので，光ファイバーに使用されている。

d アルミナ（alumina）やヒドロキシアパタイトは，生体毒性がなく，耐摩耗性があるため，人工関節などの生体材料に使用される。

	a	b	c	d
①	正	正	正	正
②	正	正	誤	正
③	正	誤	正	誤
④	正	誤	誤	誤
⑤	誤	正	正	正
⑥	誤	正	誤	誤
⑦	誤	誤	正	誤
⑧	誤	誤	誤	誤

問16 カルボニル（carbonyl）基をもつ化合物に関する記述として正しいものを，次の①～⑤の中から一つ選びなさい。 16

① アンモニア性硝酸銀水溶液にアセトン（acetone）を加えると，銀鏡反応を示す。
② アセトアルデヒドの工業的製法の一つに，触媒を用いてプロピレン（プロペン）を酸化する方法がある。
③ ギ酸（formic acid）は，炭酸水より弱い酸性を示す。
④ ギ酸は還元性がある。
⑤ アセトアルデヒドを酸化すると，ギ酸が得られる。

問17 次の化合物（compound）の説明(i)～(iii)を読み，記述として正しいものを，下の①～⑤の中から一つ選びなさい。 17

(i) 化合物Aは，$C_{17}H_{18}O_2$の分子式で表されるエステル（ester）であり，ベンゼン環（benzene ring）を2つもつ。

(ii) 化合物Aを加水分解（hydrolysis）したところ，化合物Bと化合物Cが得られた。

(iii) 化合物Bはヨードホルム反応を示し，その反応により生成する有機化合物（organic compound）の塩（salt）を塩酸で処理すると化合物Cが得られた。

① Aとして考えられる化合物の数は3つである。
② Bとして考えられる化合物の中には，脱水反応（dehydration）を行い，アルケン（alkene）にすると複数の異性体を生じるものがある。
③ Bの分子量は，ナトリウムフェノキシドを高温，高圧のもとで二酸化炭素と反応させた後，酸性にして得られる有機化合物の分子量と同じである。
④ Cの酸性はフェノールより強く，炭酸よりも弱い。
⑤ BとCを含むジエチルエーテル溶液に十分な量の希塩酸を加え，分液漏斗を使ってエーテル層と水層とを分けると，BとCの分離が可能である。

問18 アミノ酸（amino acid）に関する次の記述として正しいものを，①～⑤の中から一つ選びなさい。 18

① アミノ酸は，分子内に塩基性のアミノ基と酸性のカルボキシ基をもつので，水溶液はすべて中性である。
② すべてのアミノ酸のアミノ基とカルボキシ基は，同一の炭素原子に結合している。
③ 水溶液中のすべてのアミノ酸は，双性イオン（zwitterion）で存在しており，電荷は0となるので，このときのpHの値を等電点（isoelectric point）という。
④ タンパク質を構成する天然のアミノ酸に含まれる元素は，水素，炭素，窒素，酸素の4種類だけである。
⑤ アミノ酸は，結晶中で双性イオン（両性イオン）の状態で存在しており，極性の大きな水には，溶けやすい。

問19 天然高分子化合物（natural high molecular compound）に関する次の記述①～⑥のうち，下線部が**誤っているもの**を一つ選びなさい。　19

① デンプンは，だ液中に含まれるアミラーゼによって加水分解される。
② キュプラやビスコースレーヨンは，セルロースよりつくられる再生繊維である。
③ 牛乳に含まれるカゼインは複合タンパク質である。
④ 絹は，カイコがつくる多糖（polysaccharide）が主成分の繊維である。
⑤ 亜麻仁油は，構成脂肪酸に多数の二重結合をもち，酸化され固化（solidification）しやすい。
⑥ 肝臓にあるカタラーゼ（catalase）は，過酸化水素を分解する。

問20 合成高分子（synthetic polymer）に関する次の記述①～⑥のうち，正しいものを一つ選びなさい。　20

① 合成高分子は，一定の融点（melting point）を示す。
② すべての合成高分子は，加熱によって柔らかくなる性質を示す。
③ 合成高分子は，分子（molecule）が規則正しく配列して，結晶となっている。
④ 合成高分子は，加熱すると液体を経て気体に変化するものが多い。
⑤ 合成高分子は，構成単位の低分子化合物が分子間力（intermolecular force）で集まったものである。
⑥ 合成高分子の中には溶媒に溶け，接着剤や塗料として用いられるものもある。

第 ④ 回 模擬試験

解答時間：40分

4

問1　下表の物質①〜⑤に関して，組み合わせとして正しいものを，一つ選びなさい。

$\boxed{1}$

A欄　純物質（pure substance）であるものの組み合わせ
B欄　単体であるものの組み合わせ
C欄　互いに同素体（allotrope）であるものの組み合わせ

	A	B	C
①	塩酸，水	銀，水銀	オゾン，酸素
②	塩酸，水	ヨウ素，ドライアイス	一酸化炭素，二酸化炭素
③	ショ糖，塩化ナトリウム	ヨウ素，ドライアイス	オゾン，酸素
④	ショ糖，塩化ナトリウム	ヨウ素，ドライアイス	一酸化炭素，二酸化炭素
⑤	ショ糖，塩化ナトリウム	銀，水銀	オゾン，酸素

問2　原子（atom）およびイオン（ion）に関する次の記述(a)〜(f)には，**誤っているもの**が二つある。それらの組み合わせとして正しいものを，下の①〜⑥の中から一つ選びなさい。

$\boxed{2}$

(a) $^{13}_{6}C$ と $^{14}_{7}N$ の中性子（neutron）の数は同じである。

(b) Mg^{2+} の半径は，F^- の半径よりも小さい。

(c) PとSの価電子（valence electron）の数は同じである。

(d) $^{12}_{6}C$ とその同位体 $^{13}_{6}C$ の化学的性質は，ほとんど同じである。

(e) Clの電気陰性度（electronegativity）は，Fの電気陰性度より小さい。

(f) イオン化エネルギーの大きい原子は，陽イオンになりやすい。

① (a)・(b)　　② (a)・(d)　　③ (b)・(e)
④ (c)・(e)　　⑤ (c)・(f)　　⑥ (d)・(f)

問3　ある金属の酸化物（oxide）の結晶を調べたところ，図に示した結晶構造（crystal structure）をもち，金属原子が原子A，酸素原子が原子Bの位置を占めることがわかった。また，単位格子の体積は 7.81×10^{-23} cm^3 であった。この結晶（crystal）の密度（density）を測定したところ，6.10 g/cm^3 であった。結晶に含まれている金属原子の原子量として最も近い値を，下の①〜⑥の中から一つ選びなさい。　3

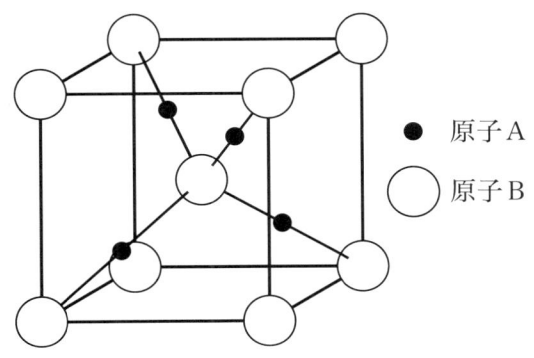

① 27　　　② 40　　　③ 52　　　④ 56　　　⑤ 64　　　⑥ 80

問4 エチレン（ethylene）に関する次の記述において、空欄 a ， b にあてはまる値の組み合わせとして正しいものを、下表の①〜⑧の中から一つ選びなさい。

4

触媒（catalyst）の入った 10 L の反応容器に、500 K でエチレン 1.0 mol と酸素 0.50 mol の混合気体を封入したところ、次の二つの反応が同時に進行した。

$$2C_2H_4 + O_2 \longrightarrow 2CH_3CHO$$
$$C_2H_4 + 3O_2 \longrightarrow 2CO_2 + 2H_2O$$

酸素がすべて消費されたとき、生成したアセトアルデヒド（acetaldehyde）と二酸化炭素（carbon dioxide）の物質量比は 2：1 であった。このとき、反応容器内の全圧は 400 K で a Pa であり、生成したアセトアルデヒドの質量は b g である。ただし、400 K における水の蒸気圧を 2.5×10^5 Pa とする。

	a	b
①	2.5×10^5	5.7
②	2.5×10^5	11.4
③	3.7×10^5	5.7
④	3.7×10^5	11.4
⑤	3.7×10^5	17.6
⑥	5.4×10^5	5.7
⑦	4.3×10^5	11.4
⑧	4.3×10^5	17.6

問 5 次表のA欄とB欄に示す水溶液を同体積ずつ混合したとき，酸性を示すものを，①〜⑤の中から一つ選びなさい。　**5**

	A	B
①	0.1 mol/L の塩酸	0.1 mol/L の水酸化バリウム水溶液
②	0.1 mol/L の塩化カリウム水溶液	0.1 mol/L の炭酸ナトリウム水溶液
③	0.1 mol/L の希硫酸	0.2 mol/L の水酸化ナトリウム水溶液
④	0.1 mol/L の塩酸	0.1 mol/L の炭酸ナトリウム水溶液
⑤	0.1 mol/L の塩酸	0.1 mol/L の酢酸ナトリウム水溶液

問 6 27℃で物質量比 1：1 の酸素と水素の混合気体を，少量の銅触媒とともに 1.0 L の反応容器に封入した。その混合気体の圧力は 0.90×10^5 Pa であった。容器の体積は温度により変化せず，容器の温度を上げると，次の反応が進行して水が生成する。

$$2H_2 + O_2 \longrightarrow 2H_2O$$

温度を 327℃に保ちながら，水素の量が半分になるまで反応させたとき，容器内の気体の全圧は何 Pa か。最も近い値を，次の①〜⑤の中から一つ選びなさい。ただし，気体はすべて理想気体（ideal gas）とし，327℃における水の蒸気圧を 1.2×10^6 Pa とする。　**6** Pa

① 0.79×10^5　　② 1.13×10^5　　③ 1.35×10^5
④ 1.58×10^5　　⑤ 3.16×10^5

問 7 0℃，1.0×10^5 Pa で，1.0 L の水に窒素（nitrogen）は 0.029 g，酸素は 0.068 g 溶ける。0℃において，10×10^5 Pa の空気（体積比で窒素：酸素 ＝ 4：1）と平衡になった水 10 L の質量を A 〔g〕とする。この水を同じ温度で 1.0×10^5 Pa の空気中に放置したところ，その質量は B 〔g〕になった。A と B の差は何 g か。最も適当な値を，次の①〜⑤の中から一つ選びなさい。ただし，水は蒸発しないものとする。　**7** g

① 0.33　　② 0.37　　③ 3.3　　④ 3.7　　⑤ 4.9

問8　次の熱化学方程式（A～D）から導かれる記述として**誤っているもの**を，下の①～⑤の中から一つ選びなさい。　　　8

A　H_2O（液）$= H_2O$（気）$- 44$ kJ

B　$H_2 + \dfrac{1}{2}O_2 = H_2O$（液）$+ 286$ kJ

C　C（黒鉛）$+ O_2 = CO_2 + 394$ kJ

D　C（ダイヤモンド）$+ O_2 = CO_2 + 396$ kJ

① Aから，水蒸気は液体の水より1 molあたり44 kJだけ大きなエネルギー（energy）をもつ。

② Bから，液体の水の生成熱（heat of formation）は286 kJ/molである。

③ A・Bから，水素1 molが燃焼（combustion）して水蒸気となる反応の反応熱は，286 kJより小さい。

④ B・Cから，黒鉛1 molを完全燃焼（complete combustion）させたときに発生する熱量は，水素のほうが黒鉛（graphite）よりも少ない。

⑤ C・Dから，黒鉛からダイヤモンドをつくる反応は，発熱反応（exothermic reaction）である。

問9 次の記述①〜⑤のうち，**誤っているもの**を一つ選びなさい。

<u>9</u>

① 化学平衡 $NH_3 + H_2O \rightleftharpoons NH_4^+ + OH^-$ が成り立っているアンモニア水に，塩化アンモニウム（ammonium chloride）を加えると，平衡は左へ移動する。

② 少量の安息香酸（benzoic acid）を含むナフタレンの融点は，純粋なナフタレンの融点より低い。

③ 触媒の存在下でメタンを燃焼させると，燃焼熱（heat of combustion）は大きくなる。

④ 可逆反応 $N_2O_4 \rightleftharpoons 2NO_2$ が化学平衡の状態にあるときには，N_2O_4 の分解反応の速度と生成反応の速度は等しく，N_2O_4 の物質量は一定に保たれる。

⑤ ヨウ化水素（hydrogen iodide）をガラス容器に封入して，ある温度で分解させると，分解反応の速度は時間とともに減少する。

問10 鉛蓄電池（lead storage battery）の電解液として，質量パーセント濃度32.0％の希硫酸360 gを用い，1.93 Aで2.5時間放電した。

希硫酸の質量パーセント濃度は，放電後には何％になるか。最も近い値を，次の①〜⑤の中から一つ選びなさい。 <u>10</u> ％

① 8   ② 14   ③ 28   ④ 36   ⑤ 42

問11　ヘリウム（helium）とアルゴン（argon）は，いずれも周期表（periodic table）で18族に属する元素である。これらの元素に関する記述①〜⑤のうち，下線部が**誤っているもの**を一つ選びなさい。　11

① ヘリウム原子もアルゴン原子も，最外殻の電子の数はともに8である。
② ヘリウムの空気中での存在率は，アルゴンの存在率より少ない。
③ ヘリウムの単体もアルゴンの単体も，1 mol あたりの原子の数はアボガドロ数に等しい。
④ ヘリウムの原子量は，アルゴンの原子量より小さい。
⑤ ヘリウム原子もアルゴン原子も，K殻に存在する電子の数はともに2である。

問12　合金（alloy）に関する次の記述において，空欄　a　〜　c　にあてはまる用語の組み合わせとして正しいものを，下表の①〜⑧の中から一つ選びなさい。　12

　ステンレス鋼は，　a　を主成分とするさびにくい合金で，さまざまな家庭用品や器具類に用いられている。はんだは，　b　とスズからなる融点の低い合金で，金属の接合に用いられている。また，ジュラルミンは，　c　を主成分とする軽くて丈夫な合金で，航空機の機体などに用いられている。

	a	b	c
①	銅（copper）	鉛	アルミニウム（aluminium, aluminum）
②	銅	亜鉛（zinc）	マグネシウム（magnesium）
③	銅	鉛	チタン（titanium）
④	銅	亜鉛	アルミニウム
⑤	鉄（iron）	鉛	チタン
⑥	鉄	亜鉛	マグネシウム
⑦	鉄	鉛	アルミニウム
⑧	鉄	亜鉛	チタン

問13　無機化合物の工業的製法に関する次の記述①～⑤のうち，下線部に酸化還元反応を**含まないもの**を，一つ選びなさい。　13

① 硝酸（nitric acid）の製造には，白金（platinum）を触媒として<u>アンモニアから一酸化窒素をつくる</u>工程がある。

② 炭酸ナトリウム（sodium carbonate）の製造には，<u>塩化ナトリウム飽和水溶液，アンモニアおよび二酸化炭素から炭酸水素ナトリウムをつくる</u>工程がある。

③ アンモニアの製造には，鉄を主成分とする触媒を用いて<u>水素と窒素からアンモニアをつくる</u>工程がある。

④ 硫酸（sulfuric acid）の製造には，酸化バナジウム（V）V_2O_5 を触媒として<u>二酸化硫黄から三酸化硫黄をつくる</u>工程がある。

⑤ 硝酸の製造には，<u>一酸化窒素を空気と反応させて二酸化窒素をつくる</u>工程がある。

問14　アルミニウムイオン，銅(II)イオン，鉄(III)イオンを含む混合水溶液がある。次の実験A，Bを順に行い，これらの金属イオンをそれぞれ分離した。

実験A　混合水溶液にアンモニア水を十分に加えた。生じた沈殿（precipitate）をろ過して分離し，ろ液 **a** を得た。沈殿をアンモニア水でくり返し洗った。

実験B　アンモニア水で洗った沈殿に，水酸化ナトリウム（sodium hydroxide）水溶液を十分に加えてろ過し，ろ液 **b** を得た。残った沈殿を，水酸化ナトリウム水溶液でくり返し洗い，沈殿 **c** を得た。

a～**c** に含まれる金属イオンはそれぞれ何か。その組み合わせとして正しいものを，次表の①～⑥の中から一つ選びなさい。　14

	a	b	c
①	Al^{3+}	Cu^{2+}	Fe^{3+}
②	Al^{3+}	Fe^{3+}	Cu^{2+}
③	Cu^{2+}	Al^{3+}	Fe^{3+}
④	Cu^{2+}	Fe^{3+}	Al^{3+}
⑤	Fe^{3+}	Al^{3+}	Cu^{2+}
⑥	Fe^{3+}	Cu^{2+}	Al^{3+}

問15 新素材の用途に関する記述として**誤っているもの**を，次の①〜⑤の中から一つ選びなさい。　　　　　　　　　　　　　　　　　　　　　15

① ポリアミドは，包丁やはさみなどの刃に使われている。
② 水素吸蔵合金は，水素を貯蔵する材料としての用途がある。
③ 圧電性セラミックスは，ガスコンロの点火素子として使われている。
④ 窒化ケイ素は，自動車部品としての用途がある。
⑤ フェライト（ferrite）は，磁気テープなどの磁性材料として使われている。

問16 炭化水素（hydrocarbon）に関する記述として**誤っているもの**を，次の①〜⑥の中から一つ選びなさい。　　　　　　　　　　　　　　　　　　　　　16

① メタン（methane）と塩素の混合気体に光を当てると反応が起こる。
② ブタン（butane）には，二つの構造異性体がある。
③ プロペン（プロピレン）は，臭素（bromine）と付加反応する。
④ 2-メチルプロペン（イソブテン）には，幾何異性体（geometrical isomer）がある。
⑤ エチレンは，アセトアルデヒドの合成の原料の一つである。
⑥ アセチレンは，触媒を用いて反応させるとベンゼンになる。

問17 次の記述①～⑤のうち，正しいものを一つ選びなさい。　17

① 合成洗剤として用いられるアルキルベンゼンスルホン酸塩の水溶液に，フェノールフタレインを加えると，赤く呈色する。

② セッケンやアルキルベンゼンスルホン酸塩は，疎水性（hydrophobicity）の炭化水素基の部分と，親水性のイオン性の部分からできている。

③ 油脂1gをけん化するのに要するKOHのミリグラム数をけん化価（saponification value）という。けん化価が大きい油脂は，けん化価が小さい油脂よりも，構成する脂肪酸（fatty acid）の平均分子量が大きい。

④ 炭素-炭素間の不飽和結合を多くもつ油脂が，空気中の酸素で酸化されて固化した油脂を，硬化油という。

⑤ 油脂100gに付加するヨウ素のグラム数をヨウ素価（iodine value）という。分子量が同じであれば，ヨウ素価が大きい油脂は，ヨウ素価が小さい油脂よりも不飽和度が小さい。

⑦

問19 タンパク質（protein）に関する次の記述において，空欄 a ～ d にあてはまる用語の組み合わせとして最も適当なものを，下表の①～⑧の中から一つ選びなさい。

19

タンパク質は，アミノ酸（amino acid）の a 基とアミノ基が b 結合してできた高分子化合物である。タンパク質に水酸化ナトリウム水溶液と少量の硫酸銅(Ⅱ)水溶液を加えると赤紫色になる。これを c 反応とよぶ。一般に，タンパク質は加熱すると d し，冷却しても元にはもどらない。このような変化を変性という。

	a	b	c	d
①	ヒドロキシ	ペプチド	ビウレット	融解
②	ヒドロキシ	ペプチド	キサントプロテイン	融解
③	ヒドロキシ	エステル	ビウレット	融解
④	ヒドロキシ	エステル	キサントプロテイン	融解
⑤	カルボキシ	ペプチド	ビウレット	凝固
⑥	カルボキシ	ペプチド	キサントプロテイン	凝固
⑦	カルボキシ	エステル	ビウレット	凝固
⑧	カルボキシ	エステル	キサントプロテイン	凝固

問20 ポリエチレンテレフタラート（polyethylene terephthalate）はポリエステルの一種であり，エチレングリコール（ethylene glycol）（$HOCH_2CH_2OH$）とテレフタル酸（$HOOC-C_6H_4-COOH$）との縮合重合によって合成される。

あるポリエチレンテレフタラートの分子量を測定したところ 2.0×10^5 であった。このポリエチレンテレフタラート分子には，およそ何個のエステル結合が含まれるか。最も適当な値を，次の①～⑥の中から一つ選びなさい。

20 個

① 1×10^3　　② 2×10^3　　③ 1×10^4
④ 2×10^4　　⑤ 1×10^5　　⑥ 2×10^5

第 ⑤ 回 模擬試験

解答時間：40分

5

問1　銀 $_{47}$Ag の原子量は 107.9 であり，天然に 2 種類の同位体（isotope）が存在する。一方の同位体 $^{107}_{47}$Ag の相対質量は 106.9 であり，存在比は 52 % である。もう一方の同位体に含まれる中性子（neutron）の数と電子（electron）の数の組み合わせとして正しいものを，次表の①〜⑤の中から一つ選びなさい。　　　 1

	中性子の数	電子の数
①	60	48
②	61	47
③	61	48
④	62	47
⑤	62	48

問2　少量の塩化カリウム KCl と酸化アルミニウム（aluminium oxide）Al_2O_3 が混入したミョウバン（alum）$AlK(SO_4)_2 \cdot 12H_2O$ を，次の操作A・Bによって精製した。

操作A　不純物を含むミョウバンを熱水に溶解して，不溶性の酸化アルミニウムをろ過して除いた。

操作B　操作Aで得られたろ液を冷却し，析出したミョウバンの結晶（crystal）をとり出した。

操作Aのろ過の方法として最も適当なものはどれか。また，操作Bで得られた結晶に塩化カリウムが含まれていないことを確かめる方法は次の(i)〜(iii)のどれか。最も適当な組み合わせを，次表の①〜⑨の中から一つ選びなさい。　　 2

(i) 水溶液に塩化バリウム水溶液を加えると，沈殿が生じた。

(ii) 水溶液に水酸化ナトリウム水溶液を加えると，沈殿が生じた。

(iii) 水溶液に硝酸銀水溶液を数滴加えても，沈殿が生じなかった。

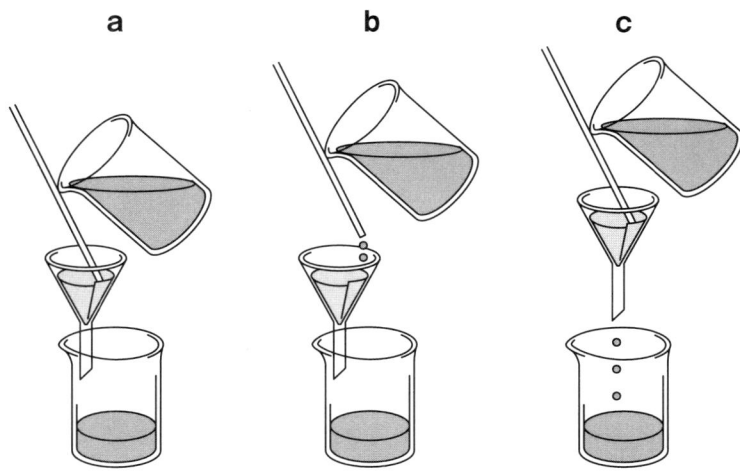

	ろ過	結晶
①	a	i
②	a	ii
③	a	iii
④	b	i
⑤	b	ii
⑥	b	iii
⑦	c	i
⑧	c	ii
⑨	c	iii

問3 銀（silver）は，次の図に示すように，面心立方格子（face-centered cubic lattice）（最密構造）からなる結晶をつくる。図の立方体の一辺の長さは原子の半径の何倍になるか。最も近い値を，下の①〜⑥の中から一つ選びなさい。　　　　3 倍

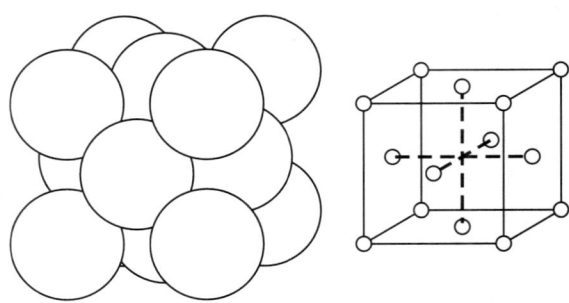

① $\dfrac{2}{\sqrt{3}}$　　　　② $\sqrt{2}$　　　　③ 2

④ $\dfrac{4}{\sqrt{3}}$　　　　⑤ $2\sqrt{2}$　　　　⑥ $2\sqrt{3}$

問4 亜鉛（zinc）の粉末13 gを硝酸銀（silver nitrate）と硝酸マグネシウムの混合水溶液に入れたところ，亜鉛は完全に溶解し，金属が析出した（deposit）。析出した金属の質量は何gか。最も近い値を，次の①〜⑥の中から一つ選びなさい。

ただし，原子量は Zn = 64，Mg = 24，Ag = 108 とする。　　　　4 g

① 2.2　　　　② 4.4　　　　③ 4.8

④ 22　　　　⑤ 44　　　　⑥ 48

問5 浸透圧(osmotic pressure)に関する次の記述において，空欄 a ～ c にあてはまる語の組み合わせとして正しいものを，下表の①～⑧の中から一つ選びなさい。 5

　水分子は通すがスクロース(ショ糖)分子は通さない半透膜(semipermeable membrane)を中央に固定したU字管がある。次の図のように，A側に水を，B側にスクロース水溶液を，両方の液面の高さが同じになるように入れた。十分な時間放置したところ，液面に高さの h の差が生じ， a の液面が高くなった。次にA側とB側の両方に，それぞれ体積 V の水を加え，十分な時間放置したところ，液面の差は h より b 。ここでA側から体積 $2V$ の水をとり除き，十分な時間放置したところ，液面の差は c 。ただし，A側から体積 $2V$ の水をとり除いたときも，A側の液面はU字管の垂直部分にあるものとする。また，水の蒸発はないものとする。

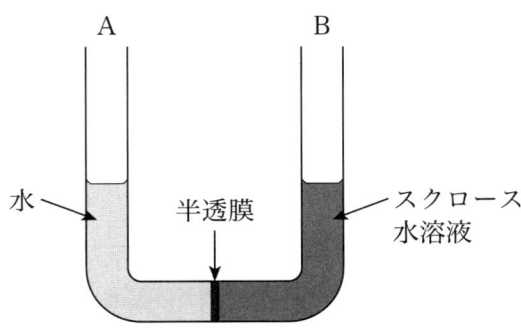

	a	b	c
①	A側	大きくなった	なくなった
②	A側	大きくなった	h にもどった
③	A側	小さくなった	なくなった
④	A側	小さくなった	h にもどった
⑤	B側	大きくなった	なくなった
⑥	B側	大きくなった	h にもどった
⑦	B側	小さくなった	なくなった
⑧	B側	小さくなった	h にもどった

問6 過酸化水素（気体）1 mol が，水（気体）と酸素に分解するときに放出される熱量は何 kJ か。最も近い値を，次の①～⑥の中から一つ選びなさい。ただし，必要があれば，次の結合エネルギーの値を用いよ。　　　　　　　　　　　　　　　　　　6 kJ

$$O-O : 146 \text{ kJ/mol}, \quad O=O : 494 \text{ kJ/mol}, \quad O-H : 464 \text{ kJ/mol}$$

① 347　　　② 100　　　③ 75
④ −75　　　⑤ −100　　　⑥ −347

問7 次の図に示すように，陽イオンだけを通す隔膜（diaphragm）で仕切ったAおよびB室に，1.00 mol/L の塩化ナトリウム水溶液を 500 mL ずつ入れ，電気分解（electrolysis）を行った。このとき，AおよびB室の溶液の体積は変わらなかった。電気分解後，A室の塩化ナトリウム水溶液の濃度は，0.900 mol/L になった。

次に，B室の溶液の一部をとり出し，純水で 10 倍に薄めた。この溶液の pH はいくらか。最も近い値を，下の①～⑥の中から一つ選びなさい。　　　7

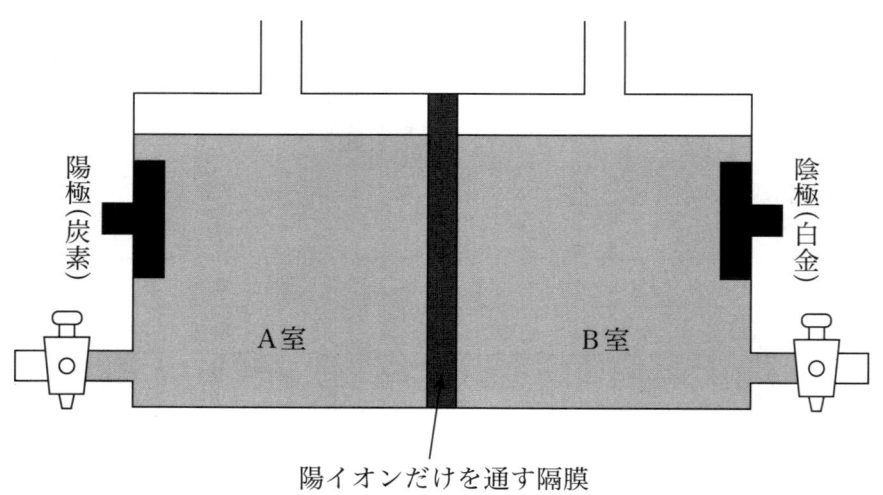

① 3　　② 5　　③ 7　　④ 9　　⑤ 12　　⑥ 13

問8 8 ③ 0.75

問9 9 ⑥ 88

問10 希薄溶液（dilute solution）の性質に関する記述として正しいものを，次の①～⑤の中から一つ選びなさい。ただし，水のモル凝固点降下（molar depression of freezing point），モル沸点上昇（molar elevation of boiling point）はそれぞれ K_f〔K·kg/mol〕，K_b〔K·kg/mol〕とする。また溶液はすべて不揮発性とする。　10

① 定温・定圧下で，水溶液の浸透圧は重力加速度の大きさに依存して変化する。

② 定温・定圧下で，同じ質量モル濃度のショ糖（cane sugar）と塩化ナトリウムの水溶液では，それらの浸透圧は等しい。

③ 1 mol の溶質を M〔kg〕の水に溶かしたとき，その水溶液の沸点上昇度（degree of boiling point elevation）は $\dfrac{K_b}{M}$〔K〕より大きくなることがある。

④ 水に食塩を溶かすと，水の蒸気圧（vapor pressure）は増加する。

⑤ 尿素（urea）1 mol を水に溶かしてできた m〔kg〕の水溶液の凝固点降下度は $\dfrac{K_f}{m}$〔K〕である。

問11 ハロゲン（halogen）に関する記述として**誤っているもの**を，次の①～⑤の中から一つ選びなさい。　11

① フッ化水素（hydrogen fluoride）は，フッ化カルシウム（calcium fluoride）（ホタル石）を濃硫酸とともに加熱すると得られる。

② 次亜塩素酸（hypochlorous acid）は，強い還元（reduction）作用を示す。

③ フッ素が水と反応すると，酸素が発生する。

④ ヨウ素は，水には溶けにくいが，ヨウ化カリウム水溶液にはよく溶ける。

⑤ 臭化水素酸（hydrobromic acid）（臭化水素の水溶液）は，強酸である。

問12 銀に関する記述として**誤っているもの**を，次の①〜⑤の中から一つ選びなさい。

[12]

① 銀が濃硝酸（concentrated nitric acid）に溶けるとき，水素が発生する。
② 銀イオンを含む水溶液に水酸化ナトリウム水溶液を加えると，沈殿が生じる。
③ 銀イオンを含む水溶液に濃アンモニア水を十分に加えると，錯イオンの $[Ag(NH_3)_2]^+$ が生成する。
④ 臭化銀（silver bromide）は光によって分解し，銀が遊離する。
⑤ 銀イオンを含む水溶液に銅板を浸すと，銀が析出する。

問13 アルミニウムに関する次の記述において，空欄 [a] 〜 [c] にあてはまる用語と値の組み合わせとして正しいものを，下表の①〜⑧の中から一つ選びなさい。 [13]

アルミニウムの製錬（精錬）(smelting) は，ボーキサイトから水酸化ナトリウムなどで不純物を除去して，純粋な酸化アルミニウム（アルミナ）とすることから始まる。約1000℃に加熱した [a] にアルミナを溶かし込んだ状態で，[b] 電極を用いて電気分解し，アルミニウムを得る。アルミ缶1個分（約20 g）のアルミニウムをつくるのに必要な電力量は0.3 kWhで，その電気代は約8円である。アルミ缶からアルミニウムを再生するのに必要な電力は，ボーキサイトから製造するときの3％であるので，その電気代は約 [c] 円となる。

	a	b	c
①	石灰石	炭素	2.4
②	石灰石	炭素	0.6
③	石灰石	銅	0.2
④	石灰石	銅	2.4
⑤	氷晶石	炭素	0.6
⑥	氷晶石	炭素	0.2
⑦	氷晶石	銅	2.4
⑧	氷晶石	銅	0.6

問14 Al^{3+}, Ba^{2+}, Fe^{3+}, Zn^{2+} を含む水溶液がある。これについて次の図のような実験により各イオンをそれぞれ分離（separation）することができた。この実験に関する下の記述①〜⑥のうち，**誤っているもの**を一つ選びなさい。 14

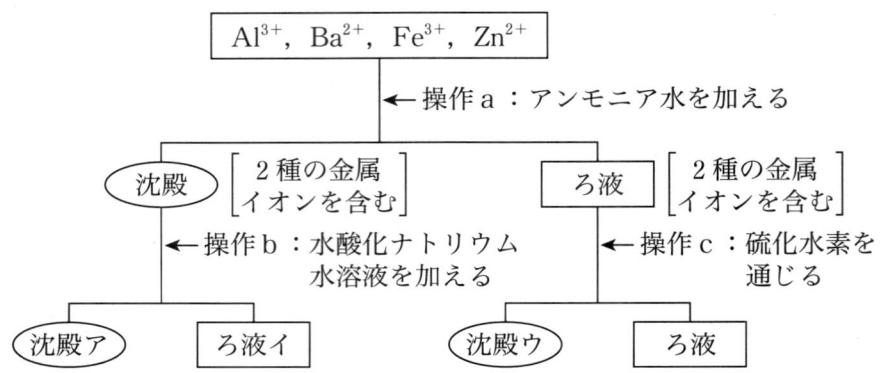

① 操作aでは，アンモニア水（ammonia water）を過剰に加える必要があった。

② 操作bでは，水酸化ナトリウム（sodium hydroxide）水溶液を過剰に加える必要があった。

③ 操作cでは，硫化水素（hydrogen sulfide）を通じる前にろ液を酸性にする必要があった。

④ 沈殿アを塩酸に溶かして $K_4[Fe(CN)_6]$ 水溶液を加えると，濃青色沈殿が生じる。

⑤ ろ液イに塩酸を少しずつ加えていくと生じる沈殿は，両性水酸化物である。

⑥ 沈殿ウは，白色である。

問15 次の記述(a)〜(d)は，黄銅（brass）（しんちゅう），ジュラルミン，はんだ，ステンレス鋼の4種類の合金（alloy）について，その組成と性質や用途を述べたものである。合金の名称と記述の組み合わせとして正しいものを，下表の①〜⑨の中から一つ選びなさい。15

(a) 鉄・クロム・ニッケルからなるさびにくい合金であり，台所用品やパイプなどに用いられる。

(b) 銅と亜鉛からなる美しい光沢をもつ合金であり，装飾品や楽器などに用いられる。

(c) 鉛とスズからなる融点（melting point）の低い合金であり，金属の接合に用いられる。

(d) アルミニウム・銅・マグネシウムからなる軽くて強度の大きい合金であり，航空機などの材料に用いられる。

	a	b	c	d
①	黄銅	はんだ	ジュラルミン	ステンレス鋼
②	ジュラルミン	黄銅	ステンレス鋼	はんだ
③	はんだ	ジュラルミン	ステンレス鋼	黄銅
④	黄銅	ステンレス鋼	はんだ	ジュラルミン
⑤	ステンレス鋼	黄銅	はんだ	ジュラルミン
⑥	ジュラルミン	はんだ	ステンレス鋼	黄銅
⑦	ステンレス鋼	はんだ	黄銅	ジュラルミン
⑧	はんだ	ステンレス鋼	ジュラルミン	黄銅
⑨	ジュラルミン	黄銅	はんだ	ステンレス鋼

問16 次の分子式①〜④で表される鎖状（chain molecule）の有機化合物のうち，構造異性体（structural isomer）の数が最も多いものを一つ選びなさい。　16

① C_2H_6O　　　② C_3H_4　　　③ C_4H_8　　　④ C_4H_{10}

問17 ニトロベンゼン（nitrobenzene）を用いて，次の操作1〜4を順に行った。

操作1　スズ2gとニトロベンゼン0.5 mLを試験管Aにとり，濃塩酸（concentrated hydrochloric acid）3 mLを加えた。

操作2　あとの図1のように，試験管Aを約60℃の温水に入れ，ときどき取り出してよく振り混ぜた。

操作3　試験管A中の未反応のスズを残し，溶液を試験管Bに移した。これをときどき振り混ぜながら，あとの図2のように6 mol/L 水酸化ナトリウム水溶液を少しずつ加えたところ，白色の沈殿（precipitate）が生じた。水酸化ナトリウム水溶液をさらに加えると沈殿が溶けた。それと同時に，生成物が油滴として遊離した。

操作4　試験管Bにジエチルエーテル6 mLを加えてよく振り混ぜ，しばらく放置した。エーテル層をピペットで別の試験管にとり，エーテルを蒸発させると油状の物質が残った。

この実験に関する記述として**誤っているもの**を，あとの①〜⑤の中から一つ選びなさい。　17

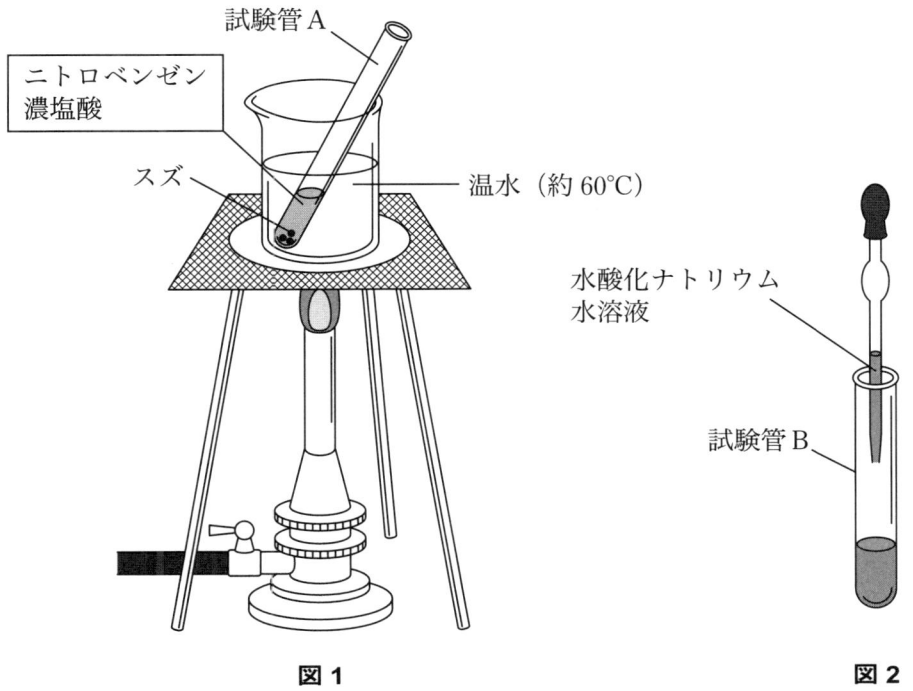

図1　　　　　　　　　　　　　**図2**

① 操作1で，ニトロベンゼンは油滴として濃塩酸から分離していた。
② 操作2で，スズは酸化剤としてはたらいている。
③ 操作3で生じた白色の沈殿は，スズの化合物である。
④ 操作3で水酸化ナトリウム水溶液は弱塩基の遊離反応を起こすために用いられる。
⑤ 操作4で，エーテル層は水層の上部に分離した。

問18 次のグラフは，アラニン（alanine）の塩酸溶液に水酸化ナトリウム水溶液を加えたときのpHの変化を表している。

アラニンの陽イオン，双性イオン（zwitterion）および陰イオンのモル濃度〔mol/L〕をそれぞれ［O］，［P］，［Q］とするとき，アラニンの電離定数（electrolytic dissociation constant）は次の通りである。

$$K_1 = \frac{[P][H^+]}{[O]} = 10^{-2.4} \text{〔mol/L〕}, \quad K_2 = \frac{[Q][H^+]}{[P]} = 10^{-9.8} \text{〔mol/L〕}$$

アラニンの等電点のグラフ上の位置と最も近い値の組み合わせとして正しいものを，下表の①〜⑦の中から一つ選びなさい。　18

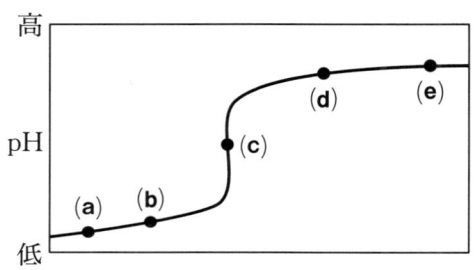

水酸化ナトリウム水溶液の滴下量〔mL〕

	位置	等電点
①	a	4.3
②	b	4.3
③	b	4.6
④	c	6.1
⑤	c	7.1
⑥	d	9.1
⑦	e	9.1

問19 次の図のように枝分かれをした分子量が 4.86×10^5 のデンプンについて，デンプン分子中の O–H をすべてメチル化して OCH_3 に変えたのち，希硫酸で加水分解 (hydrolysis) したところ，OCH_3 の数が異なる3種類の化合物を得た。これらの化合物を OCH_3 の数が多いものから，A，B，C とすると，OCH_3 の数はそれぞれ4個，3個，2個となる。このデンプンを 5.832 g 用いたとき，A，B，C はそれぞれ 1.8×10^{-3} mol，3.24×10^{-2} mol，1.8×10^{-3} mol 生成した。このデンプン分子の1分子当たりの枝分かれの数として正しいものを，下の①〜⑤の中から一つ選びなさい。**19**

① 150   ② 155   ③ 160   ④ 166   ⑤ 171

問20 天然ゴム (natural rubber) はイソプレン $CH_2=\underset{CH_3}{C}-CH=CH_2$ が付加重合 (addition polymerization) してできた高分子化合物で，分子量は数万〜200万にも達する。いま，天然ゴムの分子量を17万とする。天然ゴムに硫黄を加え，反応させると適当なかたさと弾力をもつようになる。

　硫黄を加えて反応させたゴム 22.08 g を燃焼させたところ，標準状態で 0.224 L の二酸化硫黄が得られた。このゴムに含まれる硫黄原子1個はいくつのイソプレン単位構造の中に存在するのか。最も近い値を，次の①〜⑤の中から一つ選びなさい。**20**

① 7   ② 13   ③ 19   ④ 25   ⑤ 32

第 6 回 模擬試験

解答時間：40分

問1 物質を構成する粒子の運動に関する記述として**誤っているもの**を，次の①〜⑥の中から一つ選びなさい。　　　　　　　　　　　　　　　　　　　　　　　　　1

① 拡散（diffusion）は気体でだけで起こる現象で，固体や液体では起こらない。
② 一般に拡散の速さは，温度が高いほど大きい。
③ 気体の分子は，いろいろな方向に運動している。
④ 気体分子の運動の速度は，他の分子と衝突するたびに変わる。
⑤ 気体分子の運動エネルギー（kinetic energy）は，速度が大きいものほど大きい。
⑥ 気体分子の運動エネルギーの平均値は，分子間力（intermolecular force）によるエネルギーに比べて非常に大きい。

問2 次の3種類のグラフは、第一イオン化エネルギー、電気陰性度（electronegativity）、および単体の融点（melting point）のいずれかが、原子番号とともに周期的に変わる様子を示したものである。それぞれの周期性はA，B，Cのどのグラフに表されているか。その組み合わせとして正しいものを、下表の①〜⑥の中から一つ選びなさい。

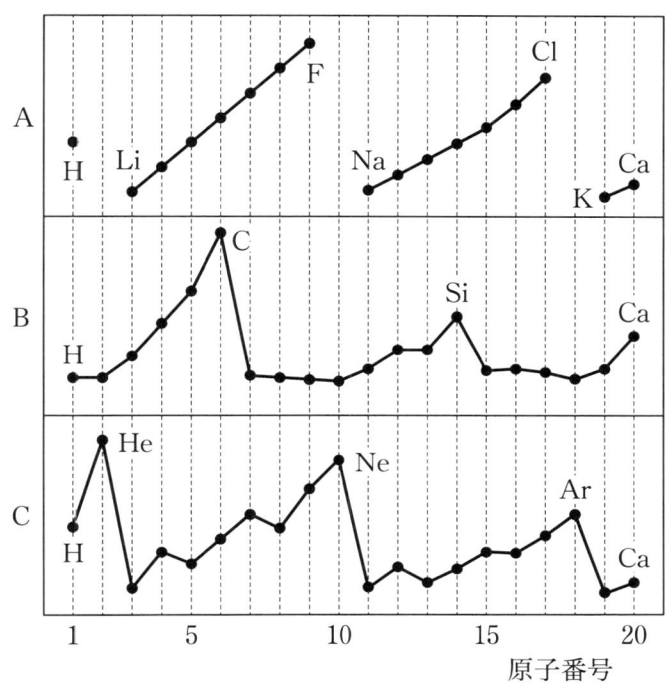

	第一イオン化エネルギー	電気陰性度	単体の融点
①	A	B	C
②	A	C	B
③	B	A	C
④	B	C	A
⑤	C	A	B
⑥	C	B	A

問3 14 mol/L のアンモニア水の質量パーセント（mass percentage）濃度は何%か。最も近い値を，次の①〜⑥の中から一つ選びなさい。ただし，このアンモニア水の密度は 0.90 g/cm³ とする。　　　3 %

① 2.1　　　　② 2.4　　　　③ 2.6
④ 21　　　　⑤ 24　　　　⑥ 26

問4 分子（molecule）とイオン（ion）に関する次の記述(a)〜(e)について，正誤の組み合わせとして正しいものを，下表の①〜⑥の中から一つ選びなさい。

(a) 塩化カリウム（potassium chloride）を水に加えると，カリウムイオンと塩化物イオンがそれぞれ水和して溶ける。
(b) メタンでは，分子内の結合は強いが，分子間に働く力は弱い。
(c) 二酸化炭素（carbon dioxide）分子では，結合している原子の電気陰性度（electronegativity）には差があるが，分子の形により無極性になる。
(d) 窒素分子では，二つの原子間で三個の電子を共有し，三重結合（triple bond）を形成している。
(e) アンモニア分子は，正三角形の中心に窒素原子が位置する平面構造（planar structure）をとる。　　　4

	a	b	c	d	e
①	正	正	正	正	誤
②	誤	正	正	正	正
③	正	正	誤	誤	正
④	正	正	正	誤	誤
⑤	正	正	誤	正	正
⑥	誤	誤	正	正	正

問5 次の水溶液A〜CをpHの大きい順に並べたものとして正しいものを，下の①〜⑥の中から一つ選びなさい。　5

水溶液A　0.1 mol/L 塩酸
水溶液B　0.1 mol/L 塩酸と 0.1 mol/L 酢酸を，10 mL ずつ混合した溶液
水溶液C　0.4 mol/L 塩酸と 0.1 mol/L 酢酸ナトリウム水溶液を，10 mL ずつ混合した溶液

① A > B > C　　② A > C > B　　③ B > A > C
④ B > C > A　　⑤ C > A > B　　⑥ C > B > A

問 6 管内に閉じ込められた空気の体積 V と圧力 P との関係について，常温で大気圧（atmospheric pressure）（水銀柱 760 mm の圧力）のもと，断面積が一定の J 字管を用いて次の図のような実験を行った。このとき，P および V に対応する長さの組み合わせとして正しいものを，下表の①〜⑧の中から一つ選びなさい。 6

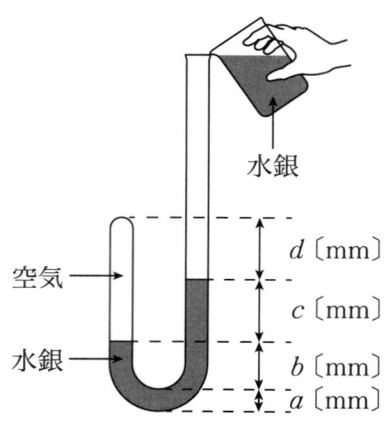

	P	V
①	c	$c + 760$
②	c	$c + d$
③	$c + d$	$c + 760$
④	$c + d$	$c + d$
⑤	$c + 760$	$c + 760$
⑥	$c + 760$	$c + d$
⑦	$c + d + 760$	$c + 760$
⑧	$c + d + 760$	$c + d$

問7 0.2 mol/L の硝酸亜鉛水溶液 1 mL に，0.2 mol/L の水酸化ナトリウム水溶液 5 mL を加えて得られた透明な溶液がある。この溶液に 0.2 mol/L の塩酸 6 mL を少しずつ加えていく。

塩酸の添加量（x 軸）と生成する沈殿の量（y 軸）の関係を表したグラフとして最も適当なものを，次の①〜⑧の中から一つ選びなさい。 7

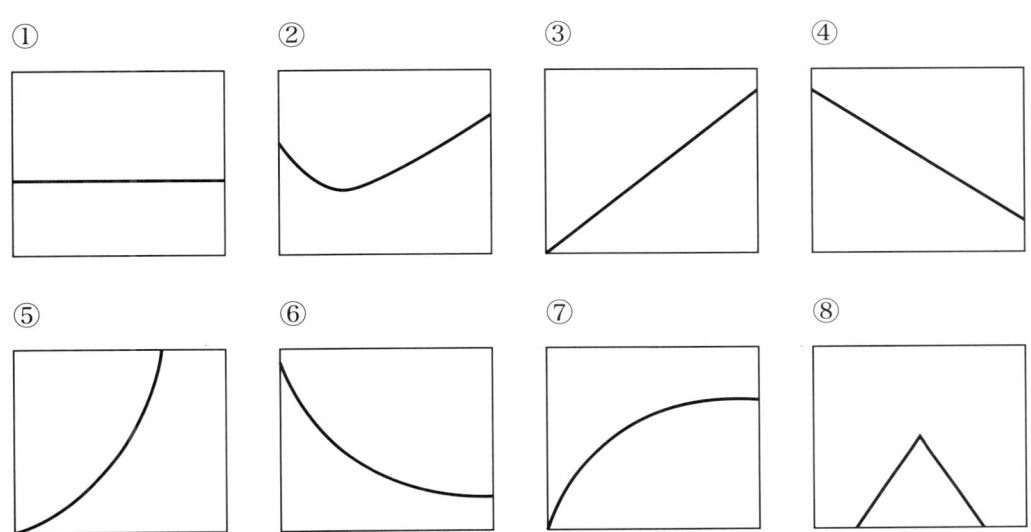

問 8 次の図に示す電気分解（electrolysis）の装置に一定の電流を通じて，電極A，Bで生成する気体の体積を測定し，その結果をグラフに描いた。実験結果を最も適切に示しているグラフを①〜⑤の中から一つ選びなさい。　8

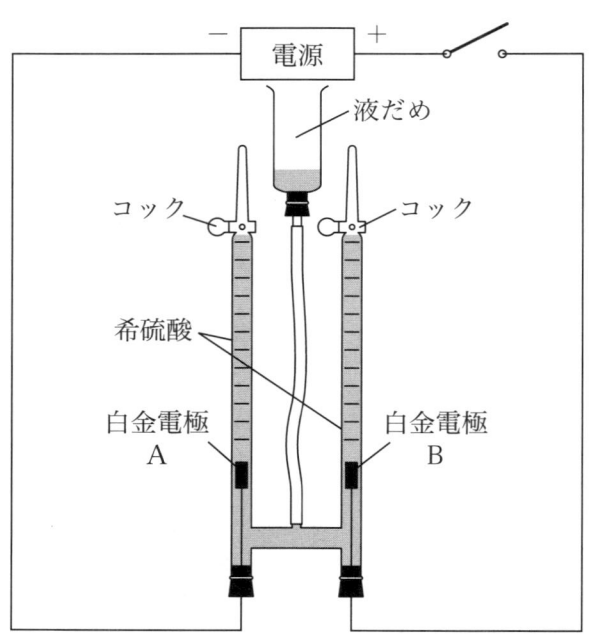

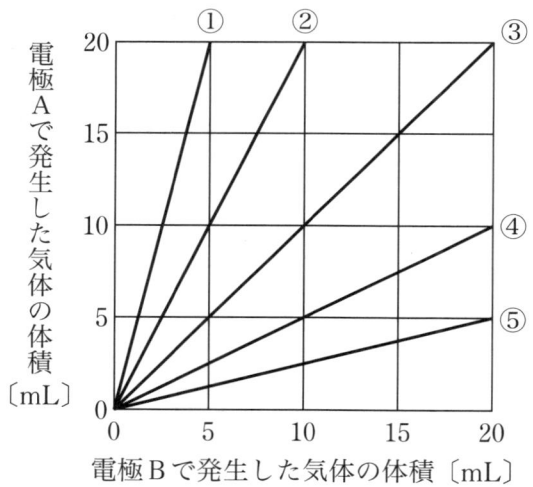

③

問10 次の図は，KNO₃ と KCl の溶解度（solubility）曲線を示している。KNO₃ と KCl の混合物（mixture）を分析した結果，KCl の含量（質量%）は 80％であった。この混合物 50 g を水 100 g に溶解するには，溶液を何℃以上にする必要があるか。最も近い値を，下の①〜⑤の中から一つ選びなさい。ただし，溶解度は他の塩の共存による影響を受けないものとする。　　　　　　　　　　　　　　　　　　　　　　　　10 ℃

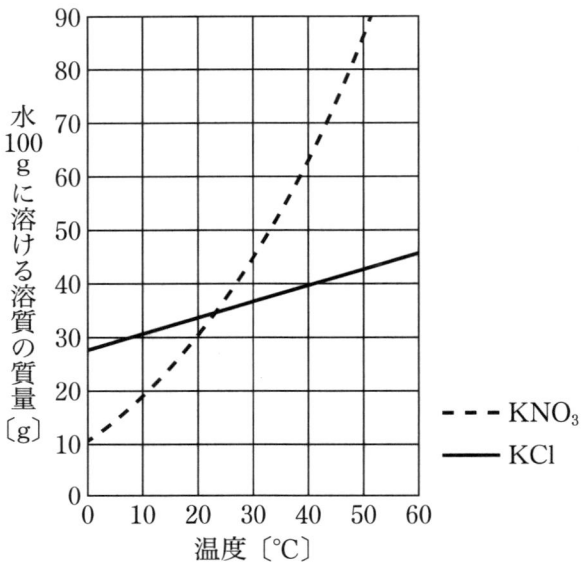

①　10　　　　②　20　　　　③　30　　　　④　40　　　　⑤　50

問11 液体Aと固体Bから酸素（oxygen）を発生させて、試験管に捕集したい。最も適当な実験方法を、次の①～⑥の中から一つ選びなさい。ただし、装置の支持器具は省略してある。

|11|

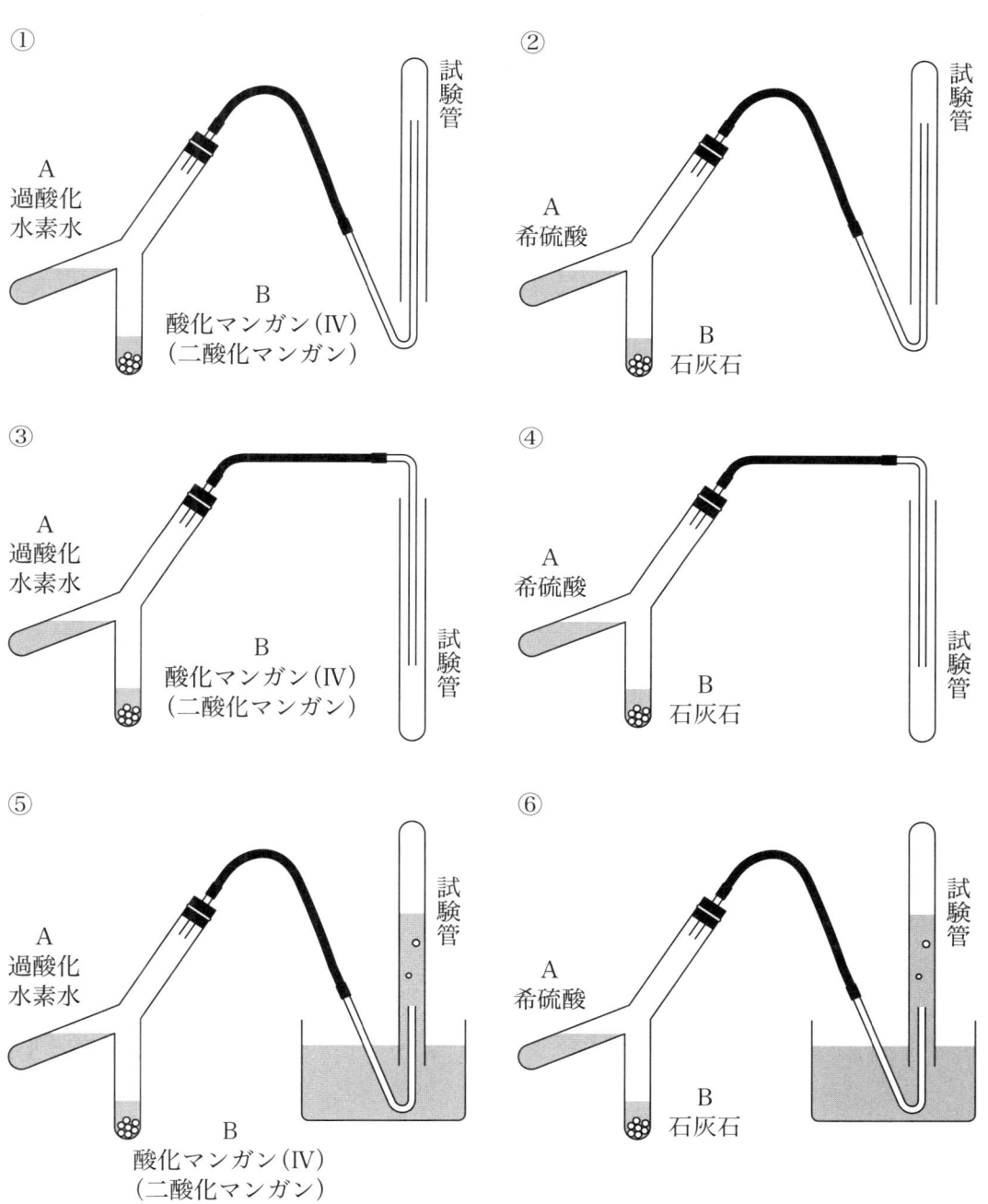

問12 錯イオン（complex ion）に関する記述として**誤っているもの**を，次の①～⑤の中から一つ選びなさい。　　12

① 硫酸銅（Ⅱ）（copper(II) sulfate）を水に溶かすと，水分子が配位結合（coordinate bond）した銅（Ⅱ）イオンが生成する。

② テトラアンミン銅（Ⅱ）（tetraamminecopper）イオンでは，アンモニウムイオンが配位子である。

③ 錯イオンには，中心の金属イオンが典型元素（typical element）のものがある。

④ ヘキサシアニド鉄（Ⅱ）酸イオン（ヘキサシアノ鉄（Ⅱ）酸イオン）は，正八面体形をとる。

⑤ 錯イオンには，配位数2のものがある。

問13 銅の製錬（smelting）の実験に関する次の記述において，空欄 a ～ c にあてはまる用語の組み合わせとして正しいものを，下表の①～⑧の中から一つ選びなさい。

13

次の図に示す実験装置の中央部に硫化銅（Ⅱ）を入れ，空気を吹き込みながら，長時間電気炉で加熱した。ここから出た気体を，水の入った三角フラスコに導いた。この液をリトマス紙で調べたところ， a であった。出てきた気体の中には b が多く含まれ，これは c の原料である。

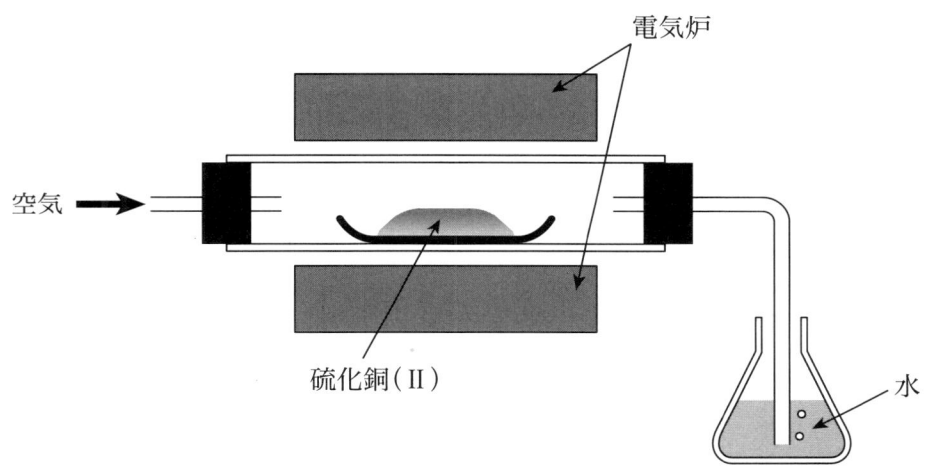

	a	b	c
①	塩基性	二酸化炭素	硫酸
②	塩基性	二酸化炭素	塩酸
③	塩基性	二酸化硫黄	硫酸
④	塩基性	二酸化硫黄	塩酸
⑤	酸性	二酸化炭素	硫酸
⑥	酸性	二酸化炭素	塩酸
⑦	酸性	二酸化硫黄	硫酸
⑧	酸性	二酸化硫黄	塩酸

問14 3種類の未知の金属イオンを含む硝酸酸性水溶液がある。これについて，次の図の操作Ⅰ～Ⅲを順に行った。これらの操作ごとに，異なる金属イオンを含む沈殿a～cが生成し，金属イオン（metal ion）を分離（separation）することができた。沈殿a～cに含まれる金属イオンはそれぞれ何か。その組み合わせとして正しいものを下表の①～⑤の中から一つ選びなさい。　14

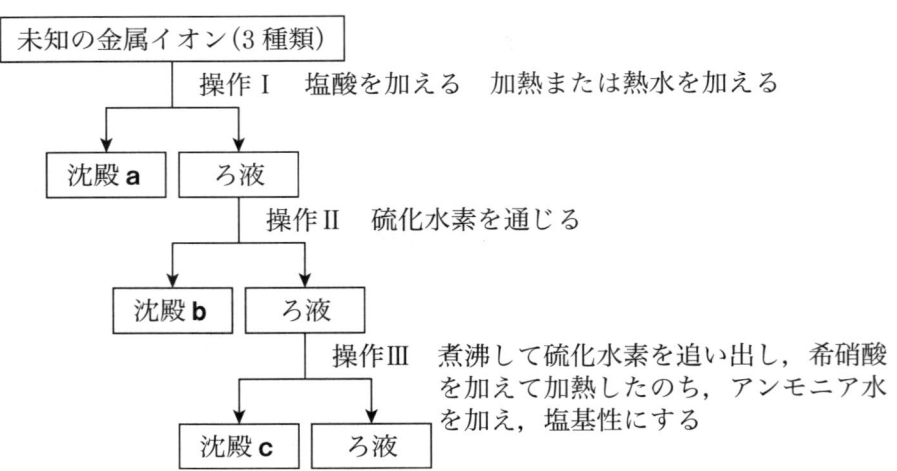

	分離された金属イオン		
	沈殿a	沈殿b	沈殿c
①	Ag^+	Pb^{2+}	Cu^{2+}
②	Ag^+	Cu^{2+}	Fe^{3+}
③	Ag^+	Pb^{2+}	Fe^{3+}
④	Pb^{2+}	Cu^{2+}	Ca^{2+}
⑤	Pb^{2+}	Fe^{3+}	Al^{3+}

問15 セラミックス（ceramics）に関する次の記述(a)〜(f)のうち，正しいものが二つある。それらの組み合わせとして正しいものを，下の①〜⑨の中から一つ選びなさい。15

(a) コンクリートは，酸におかされにくい。
(b) ガラスは，どのように組成を変化させても，屈折率（refractive index）は変化しない。
(c) ガラスは，決まった融点（melting point）をもたない。
(d) セラミックスには，金属を削るのに用いられるものもある。
(e) ガラスは，結晶と同じように原子が規則正しく配列した構造をもつ。
(f) ホウ砂（borax）は，ホウケイ酸ガラスの主な原料である。

① a，b　　② d，e　　③ c，d
④ b，c　　⑤ b，d　　⑥ c，f
⑦ a，d　　⑧ d，f　　⑨ b，e

問16 5.60 g のアルケン C_nH_{2n} に臭素（bromine）（分子量160）を完全に反応させ，37.6 g の化合物 $C_nH_{2n}Br_2$ を得た。このアルケンの炭素（carbon）数として正しいものを，次の①〜⑥の中から一つ選びなさい。16

① 2　　② 3　　③ 4　　④ 5　　⑤ 6　　⑥ 7

問17 油脂（fats and oils）は，1分子のグリセリン（1,2,3-プロパントリオール）に3分子の脂肪酸（fatty acid）がエステル結合した構造をもつ化合物である。油脂 A を加水分解（hydrolysis）するとグリセリン（glycerol）と2種類の直鎖の飽和脂肪酸が得られた。この油脂 A 40.3 g を完全に加水分解するのに必要な水酸化カリウムの量は 8.40 g であった。1分子の油脂 A を構成する炭素原子の数として正しいものを，次の①〜⑥の中から一つ選びなさい。ただし，K = 39 とする。17

① 48　　② 49　　③ 50
④ 51　　⑤ 52　　⑥ 53

問18 次の反応により，化合物bを合成したい。化合物a 13.7 gと無水酢酸（acetic anhydride）15.3 gから化合物bは最大で何g合成できるか。最も近い値を，下の①〜⑤の中から一つ選びなさい。　18 g

CH₃CH₂O－⟨C₆H₄⟩－NH₂　→(CH₃CO)₂O→　CH₃CH₂O－⟨C₆H₄⟩－N(H)－C(=O)－CH₃
化合物a　　　　　　　　　　　　　　　　　　　　　化合物b

① 15.3　　② 17.9　　③ 20.6　　④ 26.9　　⑤ 29.0

問19 DNA（deoxyribonucleic acid）中に存在する4種類の有機塩基は，アデニン（A），グアニン（G），シトシン（C），チミン（T）である。

あるDNAが水素結合により二重らせん構造を形成したとき，その一方の一本鎖中に含まれる一部分の塩基配列が –A–G–C–T–G–A– であった。この塩基配列中で形成される水素結合（hydrogen bond）の数として正しいものを，次の①〜⑥の中から一つ選びなさい。　19

① 14　　② 15　　③ 16　　④ 17　　⑤ 18　　⑥ 19

問20 プラスチック（plastics）の種類と用途の組み合わせとして**誤っているもの**を，次表の①～⑤の中から一つ選びなさい。 20

	種類	用途
①	ポリエチレン	包装用フィルム
②	ポリエステル	飲料用ボトル
③	ポリスチレン	食品用カップ
④	フェノール樹脂	電気・電子部品
⑤	ポリ塩化ビニル	コンタクトレンズ

第 ⑦ 回 模擬試験

解答時間：40分

7

問1 次表の**a**欄に示すもののうち純物質（pure substance）であるものと，**b**欄に示すもののうち分子式（molecular formula）であるものの組み合わせとして正しいものを，次の①〜⑥の中から一つ選びなさい。　1

	a	b
①	空気（air）	Ag_2O
②	空気	Fe
③	塩酸（hydrochloric acid）	SO_2
④	塩酸	Fe
⑤	尿素（urea）	SO_2
⑥	尿素	Ag_2O

問2 次の円グラフ**a〜c**は，宇宙，地殻，人体のいずれかにおける元素（element）の存在比を，質量百分率（mass percent）で表したものである。**a〜c**は，それぞれ宇宙，地殻，人体のどれに対応しているか。それらの組み合わせとして正しいものを，下表の①〜⑥の中から一つ選びなさい。　2

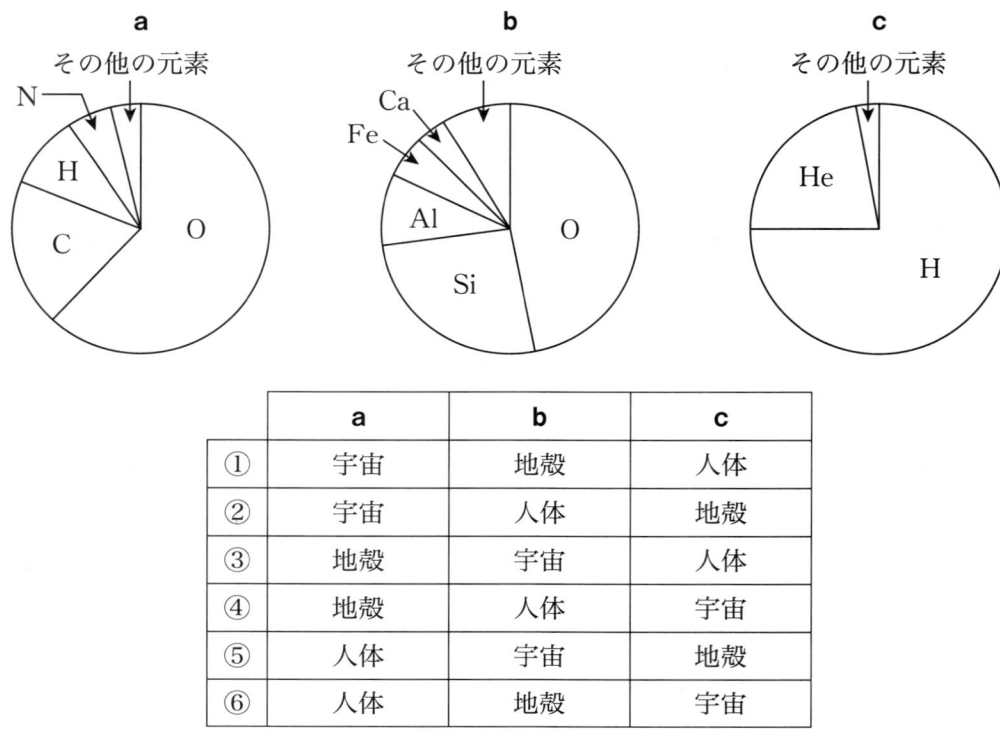

	a	b	c
①	宇宙	地殻	人体
②	宇宙	人体	地殻
③	地殻	宇宙	人体
④	地殻	人体	宇宙
⑤	人体	宇宙	地殻
⑥	人体	地殻	宇宙

問 3 一酸化炭素（carbon monoxide）とエタンの混合気体を，触媒（catalyst）の存在下で十分な量の酸素を用いて完全に酸化したところ，二酸化炭素（carbon dioxide）0.09 mol と水 0.06 mol が生成した。反応前の混合気体中の一酸化炭素とエタンの物質量（amount of substance）〔mol〕の組み合わせとして正しいものを，次表の①〜⑥の中から一つ選びなさい。 3

	一酸化炭素の物質量〔mol〕	エタンの物質量〔mol〕
①	0.03	0.02
②	0.03	0.03
③	0.05	0.02
④	0.05	0.03
⑤	0.06	0.02
⑥	0.06	0.03

問 4 ある元素の原子だけからなる共有結合（covalent bond）の結晶がある。結晶の単位格子（unit cell）（立方体）と，その一部を拡大したものを次の図に示す。単位格子の一辺の長さを a 〔cm〕，結晶の密度（density）を d 〔g/cm³〕，アボガドロ定数（avogadro constant）を N_A 〔/mol〕とするとき，この元素の原子量と，原子間結合の長さ〔cm〕の組み合わせとして正しいものを，下表の①〜⑥の中から一つ選びなさい。　　4

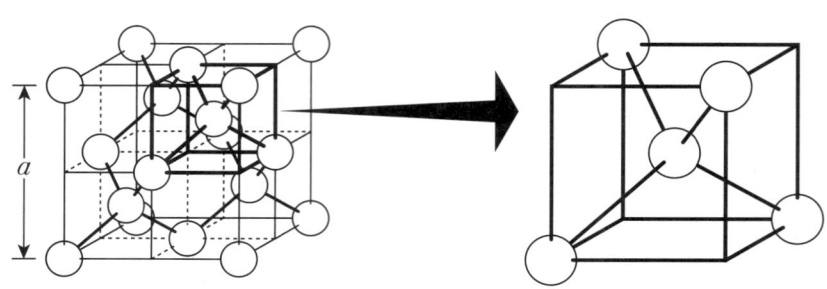

	元素の原子量	原子間結合の長さ
①	$\dfrac{a^3 d N_A}{8}$	$\dfrac{\sqrt{3}\,a}{2}$
②	$\dfrac{a^3 d N_A}{8}$	$\dfrac{\sqrt{3}\,a}{4}$
③	$\dfrac{a^3 d N_A}{10}$	$\dfrac{\sqrt{3}\,a}{2}$
④	$\dfrac{a^3 d N_A}{10}$	$\dfrac{\sqrt{3}\,a}{4}$
⑤	$\dfrac{a^3 d N_A}{12}$	$\dfrac{\sqrt{3}\,a}{2}$
⑥	$\dfrac{a^3 d N_A}{12}$	$\dfrac{\sqrt{3}\,a}{4}$

問5　次の酸化還元反応（oxidation-reduction reaction）①～⑤のうち，下線部の原子（atom）の酸化数（oxidation number）の変化が最も大きいものを一つ選びなさい。

　　　5

①　$\underline{S}O_2 + 2H_2S \longrightarrow 2H_2O + 3\underline{S}$

②　$MnO_2 + 4H\underline{Cl} \longrightarrow MnCl_2 + 2H_2O + \underline{Cl}_2$

③　$Fe + H_2\underline{S}O_4 \longrightarrow Fe\underline{S}O_4 + H_2$

④　$\underline{S}O_2 + Cl_2 + 2H_2O \longrightarrow H_2\underline{S}O_4 + 2HCl$

⑤　$2\underline{Fe}Cl_2 + Cl_2 \longrightarrow 2\underline{Fe}Cl_3$

問6　ナフタレン（naphthalene）$C_{10}H_8$ の小片を酸素中で完全燃焼（complete combustion）させたところ，水（液）3.60 g を生じた。このとき発生する熱量は何 kJ か。最も近い値を，次の①～⑤の中から一つ選びなさい。ただし，ナフタレン（固），水（液）および二酸化炭素（carbon dioxide）（気）の生成熱は，それぞれ -78 kJ/mol，286 kJ/mol，394 kJ/mol とする。

　　　6　kJ

①　250　　　②　258　　　③　756　　　④　1129　　　⑤　5162

問7　次の図のように，空気を除いて密閉した容器のA側に純水を入れ，B側に高濃度のスクロース水溶液を入れる。この容器を室温で長く放置するとき，水面の高さはどうなるか。この実験結果に関する記述として正しいものを，下の①〜⑤の中から一つ選びなさい。　7

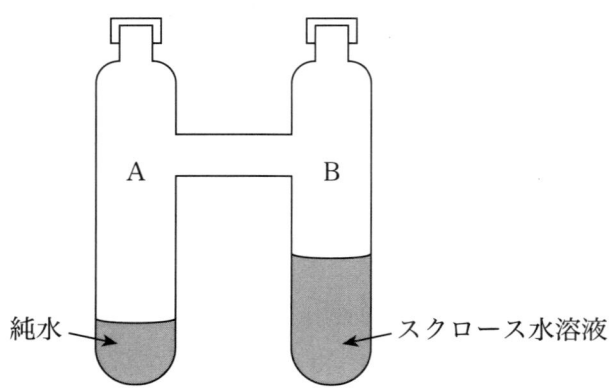

① B側では蒸気圧降下（depression of vapor pressure）により沸点が上昇するため，A側でのみ蒸発（evaporation）と凝縮（condensation）が起こり，水面の高さには変化がない。

② A，Bそれぞれの側で，蒸発する水分子の数と凝縮する水分子の数がつり合っているので，水面の高さには変化がない。

③ B側の水面がA側より高いので，B側からA側へ水分子が移り，やがて水面の高さが一致する。

④ B側の水蒸気圧がA側より低いため，B側では蒸発する水分子より凝縮する水分子の数が多く，B側の水面がさらに高くなる。

⑤ 純水を得る蒸留器と同じ機能をもつため，B側で蒸発する水分子がA側で凝縮し，A側の水面が高くなる。

問8 酸（acid）と塩基（base）に関する記述として正しいものを，次の①～⑥の中から一つ選びなさい。　8

① 0.100 mol/L の酢酸水溶液 10 mL を水で希釈して 100 mL とした。このときのpHは2である。

② 強塩基と弱塩基とでは，必ず強塩基の方が水への溶解度（g/L）は大きい。

③ 塩酸を用いてアンモニア水を中和滴定するとき，指示薬としてフェノールフタレインを用い，中和点の判定は水溶液が無色になったことで行う。

④ 塩化アンモニウムを室温で水に溶かしたとき，この水溶液中に存在する H^+, NH_4^+, NH_3, Cl^-, NH_4Cl のうち，濃度の最も高い成分は Cl^- である。ただし，塩化アンモニウム 0.100 mol を 1000 mL の水に溶かしたとする。

⑤ 塩化ナトリウムの飽和水溶液に，温度を一定に保ったまま希硫酸を加えると塩化ナトリウムの沈殿が生じる。

⑥ アレーニウス（Arrhenius）の定義による酸とブレンステッドの定義による塩基を反応させると必ず水が生じる。

問9 8.3 L の密閉容器に 0.50 mol のジエチルエーテル（diethyl ether）を入れ 27℃にした。このときの容器内の圧力（pressure）は何 Pa か。最も近い値を次の①～⑥の中から一つ選びなさい。ただし，27℃におけるジエチルエーテルの飽和蒸気圧（saturated vapor pressure）は 7.7×10^4 Pa，気体定数（gas constant）を 8.3×10^3 Pa・L/(K・mol) とする。　9 Pa

① 1.9×10^4　　② 3.9×10^4　　③ 7.5×10^4
④ 7.7×10^4　　⑤ 1.5×10^5　　⑥ 3.1×10^5

問10 過酸化水素水（hydrogen peroxide water）に少量の酸化マンガン（Ⅳ）（二酸化マンガン）を加え，常温・常圧で，酸素を発生させる実験を行った。発生した酸素の体積 V を反応が終了するまで測定し，体積 V と時間 t の関係をグラフにすると，次の図のようになった。酸化マンガン（Ⅳ）の量を多くして同様の実験を行い，体積 V と時間 t の関係を表したグラフとして最も適当なものを，下の①〜⑤の中から一つ選びなさい。　**10**

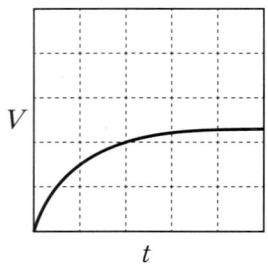

① 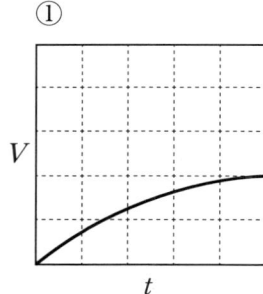　② 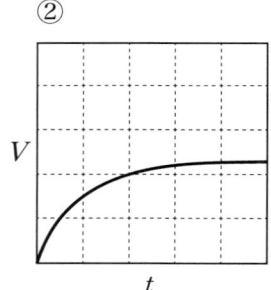　③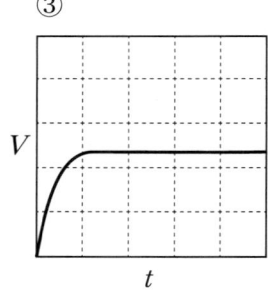

④ 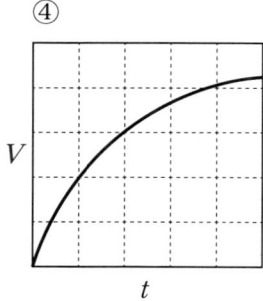　⑤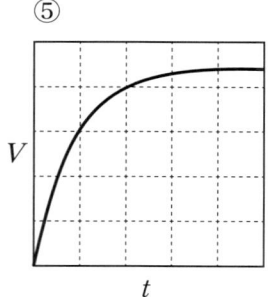

問11 ケイ素（silicon）とその化合物に関する次の記述①〜⑥のうち，下線部が**誤っているもの**を一つ選びなさい。　11

① ケイ素は，岩石（rock）や鉱物を構成する元素として，地殻中に酸素に次いで多く存在する。
② ケイ素原子は4個の価電子（valence electron）をもつ。
③ ケイ素の結晶は，ダイヤモンドと同様の結晶構造（crystal structure）をもつ。
④ ケイ素の結晶は，半導体（semiconductor）の性質を示す。
⑤ 水晶は二酸化ケイ素の結晶である。
⑥ シリカゲルは，水ガラスを加熱して乾燥すると得られる。

問12 クロム酸イオン CrO_4^{2-} を含む水溶液（aqueous solution）に関する次の記述(a)〜(c)について，正誤の組み合わせとして正しいものを，下表の①〜⑧の中から一つ選びなさい。　12

(a) この水溶液にバリウムイオンを加えると，沈殿（precipitate）を生成する。
(b) この水溶液中でのクロム原子の酸化数は，+7 である。
(c) この水溶液を塩基性にすると，二クロム酸イオンを生じる。

	a	b	c
①	正	正	正
②	正	正	誤
③	正	誤	正
④	正	誤	誤
⑤	誤	正	正
⑥	誤	正	誤
⑦	誤	誤	正
⑧	誤	誤	誤

問13 鉄や銅の製錬に関する次の記述において，空欄 a ～ d にあてはまる用語の組み合わせとして正しいものを，下表の①～⑥の中から一つ選びなさい。 13

鉄と a の化合物を主成分とする赤鉄鉱を，コークスや b とともに溶鉱炉に入れ，加熱すると，銑鉄（pig iron）が得られる。また，銅と c を成分として含む黄銅鉱を， d とともに溶鉱炉で加熱した後，転炉に移して高温で空気を吹き込むと，粗銅（crude copper）が得られる。

	a	b	c	d
①	酸素	ケイ砂	硫黄	アルミナ
②	酸素	石灰石	硫黄	ケイ砂
③	酸素	石灰石	酸素	アルミナ
④	硫黄	ケイ砂	酸素	ケイ砂
⑤	硫黄	ケイ砂	酸素	アルミナ
⑥	硫黄	石灰石	硫黄	ケイ砂

問14 次の実験(a), (b)において，沈殿（precipitate）を生じない陽イオン（cation）がそれぞれ一つずつある。沈殿を生じない陽イオンの組み合わせとして正しいものを，下表の①～⑥の中から一つ選びなさい。 14

実験(a) 陽イオン Ag^+, Cu^{2+}, Mg^{2+} を含む水溶液に，S^{2-} を含む水溶液を加える。

実験(b) 陽イオン Al^{3+}, Ba^{2+}, Pb^{2+} を含む水溶液に，SO_4^{2-} を含む水溶液を加える。

	a	b
①	Ag^+	Pb^{2+}
②	Ag^+	Ba^{2+}
③	Cu^{2+}	Al^{3+}
④	Cu^{2+}	Pb^{2+}
⑤	Mg^{2+}	Ba^{2+}
⑥	Mg^{2+}	Al^{3+}

問15 1000 mol のアンモニアを完全に硝酸（nitric acid）に変換したとき，得られる質量パーセント濃度 30%の硝酸の質量は何 kg か。最も近い値を，次の①～⑥の中から一つ選びなさい。　15 kg

① 100　　② 126　　③ 150
④ 200　　⑤ 210　　⑥ 252

問16 次の ☐ の中の文章を読み，化合物の説明として正しいものを，下の①～⑥の中から一つ選びなさい。　16

> A と B は互いに異性体（isomer）で，その分子式は $C_7H_{14}O_2$ である。塩酸を加えて温め，A を加水分解するとカルボン酸（A1）とアルコール（A2）が，B を加水分解するとカルボン酸（B1）とアルコール（B2）が得られる。適当な酸化剤（oxidizing agent）を用いて B2 を酸化すると A1 が得られ，A2 を酸化すると B1 が得られる。
>
> A2 の異性体のうちアルコールに属する異性体は A2 以外に一つだけ存在する。これを C とする。B2 のアルキル基部分は枝分かれのない直鎖状である。光学異性体（optical isomer）を考慮しないとすると，B2 の異性体のうちアルコールに属する異性体は B2 以外に D，E，F の三つが存在する。このうち D は不斉炭素原子を一つ有する。F は二クロム酸カリウムの硫酸酸性水溶液で酸化されない。

① D は第一級アルコール（primary alcohol）である。
② C を酸化するとケトン（ketone）が得られる。
③ F は第一級アルコールである。
④ E は第三級アルコール（tertiary alcohol）である。
⑤ B2 は室温で固体である。
⑥ D はヨードホルム（iodoform reaction）反応を起こさない。

問17　サリチル酸メチル（methyl salicylate）を合成するために，サリチル酸1gをメタノール3 mLに溶かし，濃硫酸0.5 mLを加えて約10分間おだやかに加熱したのち，反応液を30 mLの水を入れたビーカー中へそそいだ。この混合物から未反応のサリチル酸などを除いてサリチル酸メチルを分離する操作として，最も適当なものを，次の①～④の中から一つ選びなさい。　17

① 混合物を酸性のままジエチルエーテル（diethyl ether）と共に分液ロートに入れて振り混ぜて静止した後，スポイトでエーテル層を取り出し，エーテルを蒸発させる。

② 混合物に炭酸水素ナトリウム（sodium hydrogencarbonate）水溶液を気体が発生しなくなるまで加え，ジエチルエーテルと共に分液ロートに入れて振り混ぜて静止した後，スポイトでエーテル層を取り出し，エーテルを蒸発させる。

③ 混合物に水酸化ナトリウム水溶液を十分に塩基性になるまで加え，ジエチルエーテルと共に分液ロートに入れて振り混ぜて静止した後，スポイトでエーテル層を取り出し，エーテルを蒸発させる。

④ ③の操作で分液ロート中に残った水層を塩酸で酸性にした後，再びエーテルを加え振り混ぜて静止する。その後スポイトでエーテル層を取り出し，エーテルを蒸発させる。

問18　次の単糖類（monosaccharides）に関する記述として正しいものを，次の①～⑤の中から一つ選びなさい。　18

① グルコース（glucose）はケトース（ketose）の一種である。
② フルクトース（fructose）はアルドース（aldose）の一種である。
③ フルクトースは還元性（reducibility）がある。
④ ガラクトース（galactose）とグルコースは互いに立体異性体（stereoisomer）の関係にない。
⑤ フルクトースはペントース（五炭糖：pentose）である。

問19 天然高分子に関する記述として正しいものを，次の①〜⑥の中から一つ選びなさい。 **19**

① ペプチド（peptide）は，アミノ酸（amino acid）のアミノ基（amino group）とアルデヒド基（aldehyde group）のペプチド結合（peptide bond）により構成する。

② マルトース（maltose），スクロース（sucrose），セロビオース（cellobiose）は二糖類（disaccharide）に分類される。

③ ポリエチレンテレフタレート（polyethylene terephthalate）は，エチレングリコール（etylene glycol）とテレフタル酸（terephthalic acid）のエーテル結合（ether linkage）により生成する。

④ 天然ゴム（natural rubber）はイソプレン（isoprene）が付加重合（addition polymerization）した構造をしているため，単結合（single bond）のみで構成される。

⑤ ナイロン6（nylon 6），ナイロン66（nylon 66）は共に縮合重合（condensation polymerization）により生成する。

⑥ DNA は，アデニン（adenine），ウラシル（uracil），グアニン（guanine），シトシン（cytosine）で構成されている。

問20 ポリ酢酸ビニル（poly vinyl acetate）とメタノールとの反応によりポリビニルアルコールが合成される。このポリビニルアルコールを紡糸した繊維 1.00×10^3 g をホルムアルデヒド水溶液 3.00×10^2 g と反応させたところ，ポリビニルアルコール中のヒドロキシ基がホルムアルデヒド（formaldehyde）と反応してビニロン（vinylon）が得られた。ホルムアルデヒド水溶液の質量パーセント濃度が 40.0 ％で，水溶液中のホルムアルデヒドがすべて反応したとすると，元のポリビニルアルコール中のヒドロキシ基（hydroxy group）が未反応で残ったことになる。この未反応のヒドロキシ基は何％残ったか。最も近い値を，次の①〜⑥の中から一つ選びなさい。 **20** ％

① 25　　　② 35　　　③ 45　　　④ 65　　　⑤ 75　　　⑥ 85

第 ⑧ 回 模擬試験

解答時間：40分

8

問1　純物質の組み合わせとして正しいものを，次の①〜⑤の中から一つ選びなさい。　1

①　塩化ナトリウムと空気（air）
②　塩化ナトリウムとナトリウム
③　海水（sea water）と空気
④　海水と炭酸水
⑤　二酸化炭素と炭酸水

問2　次の図に金属ナトリウムの結晶構造（crystal structure）を示す。金属ナトリウムの密度を d〔g/cm³〕，ナトリウムのモル質量（molar mass）を W〔g/mol〕，アボガドロ定数（Avogadro constant）を N_A〔/mol〕としたとき，単位格子（unit cell）の体積を表す式として正しいものを，下の①〜⑥の中から1つ選びなさい。　2 〔cm³〕

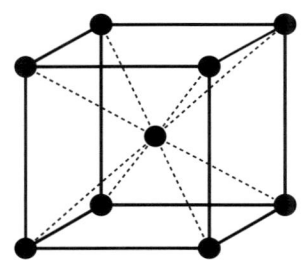

①　$\dfrac{WN_A}{d}$　　②　$\dfrac{2WN_A}{d}$　　③　$\dfrac{4WN_A}{d}$

④　$\dfrac{W}{dN_A}$　　⑤　$\dfrac{2W}{dN_A}$　　⑥　$\dfrac{4W}{dN_A}$

問3 塩酸（hydrochloric acid）に関する次の記述において，空欄 a ， b にあてはまる最も適当な数値の組み合わせとして正しいものを，下表の①〜⑥の中から一つ選びなさい。　3

質量パーセント濃度が25％の塩酸を希釈（dilution）して5％の塩酸1 kgをつくるには，25％の塩酸 a gをとって， b gの純水で希釈する。

	a	b
①	20	980
②	100	900
③	200	800
④	250	750
⑤	400	600
⑥	600	800

問4 次のグラフは容積を変えることができる容器に，気体を入れたときの，気体分子（gas molecule）の速さの分布を示したものである。はじめに曲線**A**が得られ，次に，ある条件を変えて再び測定したところ，曲線**B**となった。この変化に対応する操作に関する下の記述①〜④のうち，正しいものを一つ選びなさい。　　4

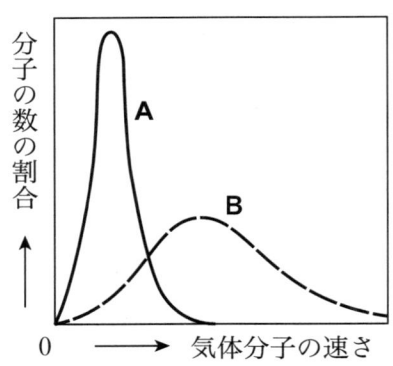

① 気体の種類を変えず，温度一定のもとで，圧力を増加させた。

② 気体の種類を変えず，圧力一定のもとで，温度を上昇させた。

③ 気体の種類を変えず，温度，圧力一定のもとで，分子の数を増やすことによって体積を増加させた。

④ 温度，圧力，体積一定のもとで，気体の種類を分子量のより大きなものに変えた。

問5 次の図に示すようなピストン付きシリンダーに水素（hydrogen）と酸素（oxygen）を，110℃，1.01×10^5 Pa でそれぞれ 1.0 L ずつとり，混合した後，火花をとばして反応させ，水の生成を完結させた。反応後の混合気体を，110℃，1.01×10^5 Pa にもどしたとき，その体積は何 L になるか。最も適当な数値を，次の①〜⑥の中から一つ選びなさい。ただし，同温・同圧において，気体を混合させたとき，反応しない場合には，混合気体の体積は混合前の各気体の体積の和になるものとする。　5　L

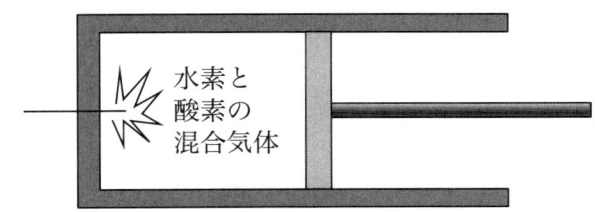

① 0.2　　　　　　② 0.5　　　　　　③ 1.0
④ 1.5　　　　　　⑤ 2.0　　　　　　⑥ 2.5

問6 有機化合物（organic compound）Xの分子量（molecular weight）を求めるために，凝固点降下度（degree of freezing point depression）を測定した。純粋なベンゼンをガラスの容器に入れ，かき混ぜながら，氷で冷却したときの温度変化の様子（冷却曲線（cooling curve））を図の曲線Aで示し，ベンゼン50.0 gに，化合物X 1.22 gを溶解した溶液の冷却曲線を図の曲線Bで示す。

また，純粋なベンゼンおよび化合物Xを加えた溶液の凝固点は，図中の点pおよび点qで示される温度である。化合物Xの分子量として正しい数値を，下の①〜⑥の中から一つ選びなさい。ただし，ベンゼンのモル凝固点降下は5.1 K·kg/molとする。

6

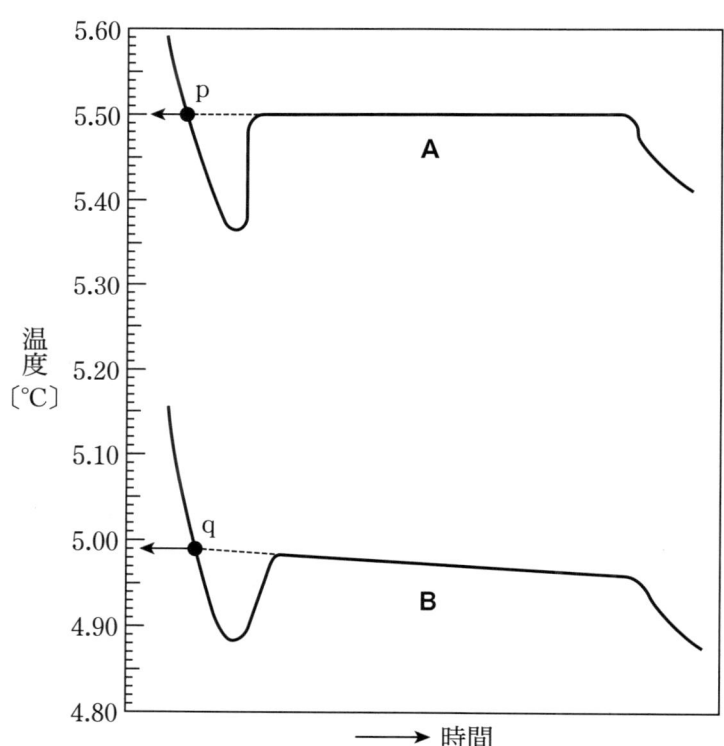

① 25　　　　　② 63　　　　　③ 122
④ 207　　　　⑤ 244　　　　⑥ 271

問7 次表に，現象と化学用語が示されている。その組み合わせが適切な場合を**正**，適切でない場合を**誤**とするとき，正誤の組み合わせとして正しいものを，下表の①〜⑥の中から一つ選びなさい。　7

	現象	化学用語
a	タンパク質水溶液に不純物として含まれる小さな分子やイオンは，その水溶液をセロハンに包んで水に浸しておくと除去できる。	浸透圧（osmotic pressure）
b	自動車エンジンの冷却水は，エチレングリコールを加えることによって，凍結しにくくなる。	凝固点降下（depression of freezing point）
c	墨汁には，にかわが入っているため，炭素の微粒子が沈殿しにくい。	保護コロイド（protective colloid）
d	赤血球を水に浸すと，赤血球は膨張していき，破裂する。	透析（dialysis）
e	水の中に分散した粘土の微粒子は，ミョウバン（alum）などの電解質を加えると，沈殿する。	凝析（coagulation）

	a	b	c	d	e
①	誤	正	正	誤	正
②	正	正	誤	誤	正
③	誤	正	正	正	誤
④	正	誤	正	正	誤
⑤	誤	誤	正	正	誤
⑥	正	誤	誤	誤	正

問8 次のグラフは，物質A〜Cの飽和蒸気圧（saturation vapor pressure）と温度の関係を示したものである。物質A〜Cに関する記述として**誤っているもの**を，下の①〜⑤の中から一つ選びなさい。　　8

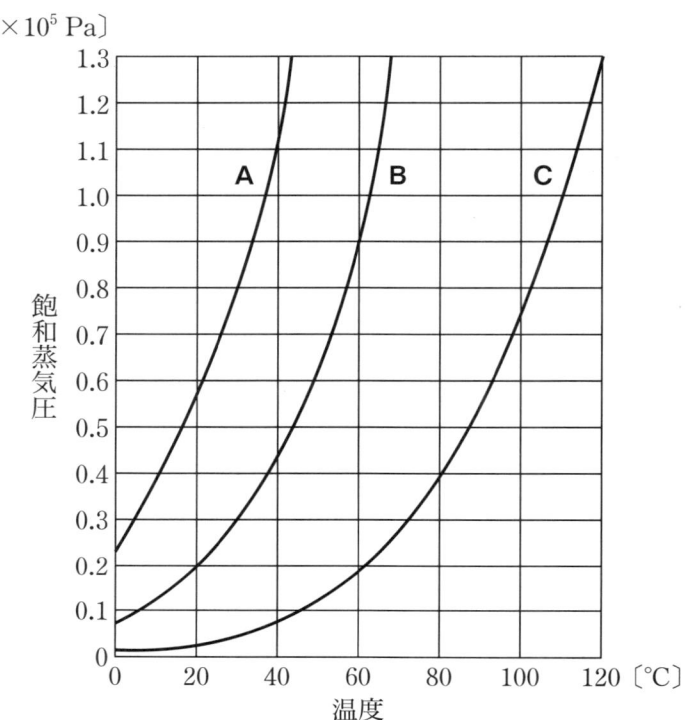

① 外圧が 2.0×10^4 Pa のときの**B**の沸点（boiling point）は，外圧が 1.0×10^5 Pa のときの**A**の沸点より低い。

② 80℃における**C**の飽和蒸気圧は，20℃における**A**の飽和蒸気圧より低い。

③ 20℃の密閉容器にあらかじめ 5.0×10^3 Pa の窒素が入っているとき，その中での**B**の飽和蒸気圧は 1.5×10^4 Pa である。

④ 外圧が 1.0×10^5 Pa のとき，**C**の沸点が最も高い。

⑤ 40℃では，**C**の飽和蒸気圧が最も低い。

問9　下の図に示す実験装置を用い，酸化銅（Ⅱ）（copper(II) oxide）と木炭粉末の混合物を加熱する実験を行った。酸化銅（Ⅱ）と木炭粉末の混合物および硫酸銅（Ⅱ）無水塩の入った試験管1を徐々に加熱していくと反応が起こった。次の**観察結果**に関する記述(a)～(c)について，正誤の組み合わせとして正しいものを，下表の①～⑧の中から一つ選びなさい。　9

> **観察結果**
> 発生した気体を導いた試験管2中の石灰水（lime water）が白濁した。
> 硫酸銅（Ⅱ）無水塩は白色のままであった。
> 加熱をやめた後，試験管1の中を調べると，赤色を帯びた物質が生成していた。

(a) 酸化銅（Ⅱ）と炭素が化学反応して二酸化炭素が発生したことがわかる。
(b) 酸化銅（Ⅱ）と炭素の化学反応では水が生成しなかったことがわかる。
(c) 酸化銅（Ⅱ）が炭素により還元され，金属銅が生成したことがわかる。

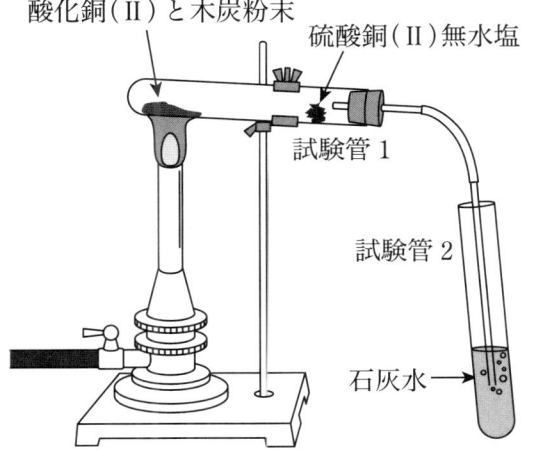

	a	b	c
①	正	正	正
②	正	正	誤
③	正	誤	正
④	正	誤	誤
⑤	誤	正	正
⑥	誤	正	誤
⑦	誤	誤	正
⑧	誤	誤	誤

問10　鉛蓄電池（lead storage battery）の構成は，次のように表される。

Pb ｜ H₂SO₄ aq ｜ PbO₂

この電池の両極を外部回路に接続し，1.0 A の一定電流で 965 秒間放電（discharge）させたとき，この放電による負極の質量の変化として最も近い値を，次の①〜⑥の中から一つ選びなさい。　10

① 0.96 g 増加　　② 0.48 g 増加　　③ 0.32 g 増加
④ 0.32 g 減少　　⑤ 1.0 g 減少　　⑥ 2.1 g 減少

問11　次の記述(a)〜(f)のうち，正しいものが二つある。それらの組み合わせとして適当なものを，下の①〜⑧の中から一つ選びなさい。　11

(a) ハロゲンの単体（simple substance）は，いずれも常温，常圧で気体である。
(b) 臭素は，ガラスを侵す。
(c) 銀のハロゲン化物（halogenide）は，いずれも水に溶けやすい。
(d) ハロゲンの単体の酸化力は，原子番号が大きいほど弱くなる。
(e) 塩素を得るには，アルミニウムに塩酸を加えて加熱する。
(f) ハロゲンは電子親和力（electron affinity）が大きい。

① a，b　　② a，f　　③ b，c　　④ b，d
⑤ c，f　　⑥ c，e　　⑦ d，e　　⑧ d，f

問12 二酸化炭素に関する記述として**誤っているもの**を，次の①〜⑤の中から一つ選びなさい。　12

① 分子中の三つの原子が直線状に並んでいる。
② 分子中に二重結合（double bond）を二つもっている。
③ アンモニアと高温，高圧で反応し，尿素を生じる。
④ 物質が燃焼すると，必ず発生する。
⑤ 石灰石（limestone）（炭酸カルシウム）の熱分解（thermal cracking）によって得られる。

問13 アルカリ金属（alkali metals）およびアルカリ土類金属（alkali earth metals）の炭酸塩（carbonate）に関する記述として**誤っているもの**を，次の①〜⑤の中から一つ選びなさい。　13

① $NaHCO_3$ を空気中に放置すると，Na_2CO_3 を生じる。
② KOH を空気中に放置すると，K_2CO_3 を生じる。
③ $Na_2CO_3 \cdot 10H_2O$ を乾いた空気中に放置すると，水和水（hydration water）の一部が失われる。
④ $CaCO_3$ の沈殿を含む水溶液に CO_2 を吹き込むと，沈殿は $Ca(HCO_3)_2$ となって溶ける。
⑤ $CaCO_3$ を強熱すると，分解して CaO を生じる。

問14 鉄に関する記述として**誤っているもの**を，次の①〜⑤の中から一つ選びなさい。

[14]

① 鉄とアルミニウムはともに加熱した濃硫酸中では不動態（passivity）を形成するため溶けない。
② 銑鉄（pig iron）は，炭素を含み，かたくてもろい欠点があるが，融点が低いので鋳物として多く使用されている。
③ 溶鉱炉の中では，高温でコークスが燃えるときにできる一酸化炭素によって，鉄鉱石が還元される。
④ 鋼（steel）は，銑鉄の炭素の量を少なくして弾力や強さを増加させたもので，建物，船舶，自動車などの基本材料として使用される。
⑤ 鉄鉱石として使用される赤鉄鉱（hematite）や磁鉄鉱（magnetite）の主成分は，硫化鉄である。

問15 次の記述のいずれにもあてはまる金属イオン（metal ion）を，下の①〜⑤の中から一つ選びなさい。

[15]

・アンモニア水を加えると沈殿を生じ，過剰に加えるとこの沈殿は溶ける。
・弱い塩基性で硫化水素を通じると，硫化物（sulfide）の沈殿を生じる。
・塩酸を加えても沈殿を生じない。
・水酸化ナトリウム水溶液を加えると沈殿を生じ，過剰に加えるとこの沈殿は溶ける。

① Ag^+　　② Cu^{2+}　　③ Zn^{2+}　　④ Pb^{2+}　　⑤ Al^{3+}

⑤

問17 次の実験操作のようにニトロベンゼンからアニリンの合成を行った。この実験に関する記述として**誤っているもの**を，下の①〜⑤の中から一つ選びなさい。 17

　　試験管にニトロベンゼン1 mLとスズ（tin）3 gをとり，よく振り混ぜながら濃塩酸5 mLを少しずつ加えた後，(ア)温めながら油滴がなくなるまでさらに振り混ぜた。冷却した後，内容物の溶液のみを三角フラスコに移し，その溶液に水酸化ナトリウム水溶液を駒込ピペットで少しずつ加えると白色沈殿が生じたが，(イ)さらに水酸化ナトリウム水溶液を加えて沈殿を溶解させた。次に，ジエチルエーテルを加えてよく振り混ぜ，静置した。(ウ)分離した2層のうち，ジエチルエーテル層を時計皿に移し，(エ)ドラフト内に放置すると油状物質としてアニリンが得られた。(オ)得られたアニリンを空気中に放置しておくと，褐色に変化した。

① 下線部(ア)で油滴がなくなったのは，ニトロベンゼンが還元（reduction）されて生じたアニリンが塩酸塩（hydrochloride）となって溶けたためである。
② 下線部(イ)の操作により全体が均一な水溶液になった。
③ 下線部(ウ)で，ジエチルエーテル層は上層である。
④ 下線部(エ)で放置するだけでアニリンが得られたのは，ジエチルエーテルの揮発性が高いためである。
⑤ 下線部(オ)で色が変化したのは，アニリンが空気中の酸素によって酸化されたためである。

問18 ベンゼン，アニリン，安息香酸（benzoic acid）の混合物を含むジエチルエーテル溶液がある。次の(a)〜(c)の操作によって分離したとき，A，B，Cから取り出せる化合物（compound）として正しいものを，下表の①〜⑥の中から一つ選びなさい。18

(a) ジエチルエーテル溶液に希塩酸を加えて振り，分離した水層をAとした。

(b) 水層Aを除いた後，ジエチルエーテル層に薄い水酸化ナトリウム水溶液を加えて振り，分離したジエチルエーテル層をBとした。

(c) (b)の水層に塩酸を加えてよく振ったものをCとした。

	A	B	C
①	ベンゼン	アニリン	安息香酸
②	ベンゼン	安息香酸	アニリン
③	アニリン	ベンゼン	安息香酸
④	アニリン	安息香酸	ベンゼン
⑤	安息香酸	ベンゼン	アニリン
⑥	安息香酸	アニリン	ベンゼン

問19 NaCl 水溶液を，図に示すイオン交換樹脂（ion-exchange resin）をつめたカラムに通して，イオン交換された水溶液 A を得た。この水溶液 A の性質（液性）と，A に含まれる，水素イオンと水酸化物イオン以外のイオンの組み合わせとして正しいものを，下表の①～⑥の中から1つ選びなさい。

ただし，イオン交換樹脂は，水溶液に含まれるイオンの量に対して十分な量を用いたものとする。

19

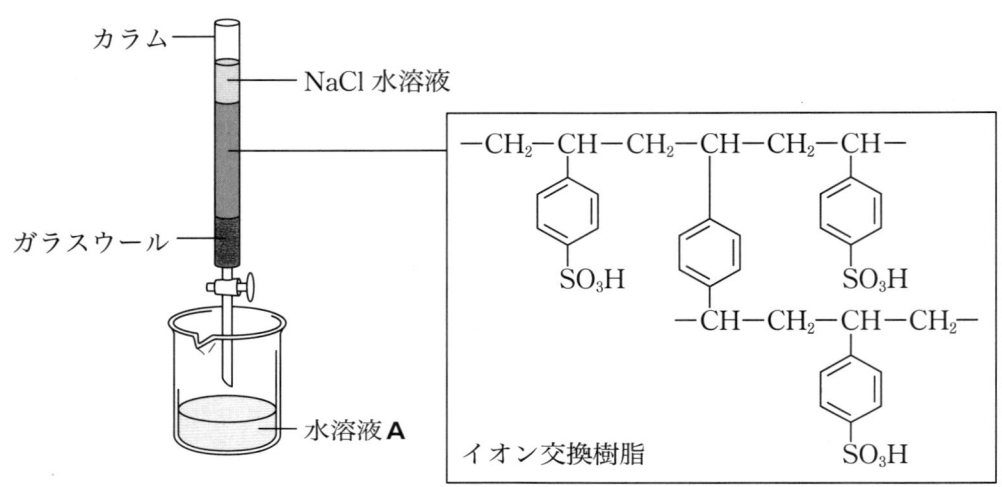

	A の性質（液性）	A に含まれるイオン（水素イオン，水酸化物イオン以外）
①	酸性	Na$^+$
②	酸性	Cl$^-$
③	中性	Na$^+$
④	中性	Cl$^-$
⑤	塩基性	Na$^+$
⑥	塩基性	Cl$^-$

問20 次の高分子化合物（macromolecular compound）（**A**と**B**）の原料（単量体（monomer））について，その組み合わせとして正しいものを，下表の①～⑧の中から一つ選びなさい。　20

A ポリメタクリル酸メチル
B ナイロン6

答：②

第 ⑨ 回 模擬試験

解答時間：40分

9

問1 原子（atom）およびイオンの電子配置（electron configuration）と構造に関する次の記述①〜⑥のうち，下線部が**正しくないもの**を一つ選びなさい。　　|1|

① Pの陽子（proton）の数は，15である。
② Fの価電子（valence electron）の数は，7である。
③ ^{23}Naの中性子（neutron）の数は，^{24}Mgの中性子の数と同じである。
④ ^{12}Cと^{13}Cの電子配置は，同じである。
⑤ Al^{3+}とS^{2-}の電子配置は，同じである。
⑥ Naの最外殻（outermost shell）は，M殻（M shell）である。

問2 次の分子(a)〜(e)のうち，含まれる電子（electron）の総数（total number）が互いに同じものが一組ある。その組み合わせとして正しいものを，下の①〜⑥の中から一つ選びなさい。　　|2|

(a) He　　(b) HCl　　(c) CH_4　　(d) HF　　(e) Kr

① a, b　　　② a, c　　　③ b, d
④ b, e　　　⑤ c, d　　　⑥ d, e

問3 次の分子①〜⑥のうち，分子を構成するすべての原子が一つの平面（plane）内にあるものを一つ選びなさい。　　|3|

① CH_4　　　② C_2H_4　　　③ C_3H_4
④ C_2H_6　　　⑤ C_3H_6　　　⑥ C_6H_{12}

問 4 次の物質(a)〜(f)のうち，純物質（pure substance）が二つある。それらの組み合わせとして正しいものを，下の①〜⑧の中から一つ選びなさい。 $\boxed{4}$

(a) 液体空気

(b) 二酸化炭素（carbon dioxide）

(c) 塩酸（hydrochloric acid）

(d) 青銅（bronze）

(e) 炭酸水素ナトリウム（sodium bicarbonate）

(f) ガソリン（gasoline）

① a, b ② a, c ③ b, d ④ b, e
⑤ c, d ⑥ c, e ⑦ d, f ⑧ e, f

問 5 300 K，1.0×10^5 Pa で 3.0 L を占めるアルゴン（argon）の温度を 360 K に上げ，体積を 7.2 L に増やした。このとき，圧力は何 Pa になるか。最も近い値を，次の①〜⑥の中から一つ選びなさい。 $\boxed{5}$ Pa

① 5.0×10^3 ② 1.5×10^4 ③ 2.5×10^4
④ 3.5×10^4 ⑤ 4.5×10^4 ⑥ 5.0×10^4

問6 次の気体(a)〜(e)のうち，下の記述(i)〜(iii)に該当するものはどれか。それらの組み合わせとして最も適当なものを，下表の①〜⑥の中から一つ選びなさい。　**6**

(a) NH_3　　(b) CO　　(c) SO_2　　(d) H_2　　(e) CH_4

(i) 水に溶けて酸性を示すもの

(ii) 水に溶けて塩基性（basic）を示すもの

(iii) 水に溶けにくく，天然ガスの主成分のもの

	(i)	(ii)	(iii)
①	c	a	e
②	c	d	a
③	b	a	d
④	b	e	c
⑤	e	c	b
⑥	e	d	a

問7 次のイオン（ion）(a)〜(e)のうち，酸性水溶液中（in acidic solution）で硫化水素 H_2S を通じると，硫化物（sulfide）が沈殿（precipitate）するものが2つある。その組み合わせを下の①〜⑥の中から一つ選びなさい。　**7**

(a) K^+　　(b) Ni^{2+}　　(c) Cu^{2+}　　(d) Zn^{2+}　　(e) Hg^{2+}

① a, b　　② a, d　　③ b, c

④ c, d　　⑤ c, e　　⑥ d, e

問 8 次の水溶液 A, B に関する記述として正しいものを, 下の①〜⑤の中から一つ選びなさい。 $\boxed{8}$

水溶液 A　0.040 mol/L 酢酸水溶液 CH$_3$COOH aq
（電離度（degree of electrolytic dissociation）0.025）

水溶液 B　0.10 mol/L 水酸化ナトリウム水溶液 NaOH aq

① A を 100 倍に薄めると, pH は 2 大きくなる。
② B を 100 倍に薄めると, pH は 2 小さくなる。
③ A の pH は 4 である。
④ B の pH は 12 である。
⑤ A 25 mL と B 10 mL を混合した溶液の pH は 7 である。

問 9 温度 20℃, 圧力 1.0×10^5 Pa において, 酸素（oxygen）は水 1.0 L あたり 1.4×10^{-3} mol 溶解する（dissolve）。20℃, 2.0×10^5 Pa で水 2.0 L に溶解する酸素は, 標準状態に換算すると何 L か。最も近い値を, 次の①〜⑤の中から一つ選びなさい。 $\boxed{9}$ L

① 0.063　　② 0.63　　③ 0.013　　④ 0.13　　⑤ 0.16

問 10 白金電極（platinum electrode）を用いて, 塩化ナトリウム水溶液 NaCl aq の電気分解（electrolysis）を行った。4.00 A の電流（electric current）を一定時間流したところ, 陰極（cathode）で水素 H$_2$ が標準状態で 224 mL 発生した。電気分解に要した時間は何秒か。最も近い値を, 次の①〜⑥の中から一つ選びなさい。 $\boxed{10}$ 秒

① 4.83×10　　② 4.83×10^2　　③ 4.83×10^3
④ 9.65×10　　⑤ 9.65×10^2　　⑥ 9.65×10^3

問11 ダイヤモンド（diamond）と黒鉛（graphite）はいずれも炭素の同素体（allotrope）である。二つの物質に関する次の説明(a)〜(d)について，正誤の組み合わせとして正しいものを，下表の①〜⑧の中から一つ選びなさい。 | 11 |

(a) 二つの物質の電気の伝えやすさは異なる。

(b) 二つの物質の構造は等しい。

(c) 二つの物質の物質量が等しければ，これらを酸素 O_2 中で完全燃焼（complete combustion）させたときに発生する二酸化炭素 CO_2 の物質量は等しい。

(d) 二つの物質の体積が等しければ，これらを酸素中で完全燃焼させたときに発生する二酸化炭素の質量は等しい。

	a	b	c	d
①	正	正	誤	誤
②	正	誤	正	正
③	正	誤	正	誤
④	正	誤	誤	正
⑤	誤	正	正	正
⑥	誤	正	誤	誤
⑦	誤	誤	正	誤
⑧	誤	誤	誤	誤

問12 次の(a)〜(e)の操作のうち，気体の酸素 O_2，二酸化炭素 CO_2 の発生方法はそれぞれどれか。それらの組み合わせとして正しいものを，下表の①〜⑥の中から一つ選びなさい。 12

(a) 酸化マンガン(IV) MnO_2 に濃塩酸 conc.HCl を加えて加熱する。

(b) 過酸化水素水に酸化マンガン(IV) MnO_2 を加える。

(c) エタノールに濃硫酸を加えて加熱する。

(d) 酢酸ナトリウムに水酸化ナトリウムを加えて加熱する。

(e) 炭酸カルシウムに希塩酸を加える。

	O_2	CO_2
①	a	c
②	a	d
③	a	e
④	b	c
⑤	b	d
⑥	b	e

問13 14族元素（group 14 element）の単体に関する次の記述①〜⑦のうち，**誤っているもの**を一つ選びなさい。 13

① スズ Sn は，酸（acid）の水溶液のみと反応し，水素 H_2 を発生する。

② 鉛 Pb は，X線を吸収する。

③ 鉛は，常温（normal temperature）では希硫酸 dil.H_2SO_4 に溶けにくい。

④ ケイ素 Si は，半導体（semiconductor）の材料に使われる。

⑤ ケイ素は，ケイ砂（quartz sand）を炭素で還元（reduction）することにより得られる。

⑥ 炭素 C は，共有結合の結晶（covalent crystal）をつくる。

⑦ 炭素の同素体（allotrope）は，いずれも電気を通すとは限らない。

問14 次の化合物(a)〜(f)のうち，2-ブテン（2-butene）の構造異性体（structural isomer）はどれか。最も適当な組み合わせを，下の①〜⑧の中から一つ選びなさい。 14

(a) $\begin{array}{c} CH_2-CH_2 \\ |\quad\quad| \\ CH_2-CH_2 \end{array}$

(b) $\begin{array}{c} CH_2=C-CH_3 \\ \quad\quad| \\ \quad\quad CH_3 \end{array}$

(c) $CH_2=CH-CH=CH_2$

(d) $CH_2=CH-CH_2-CH_3$

(e) $CH_3-CH_2-CH_2-CH_3$

(f) $CH_3-CH=CH-CH_3$

① a, b, d ② a, c, e ③ a, e, f
④ b, c, e ⑤ b, d, f ⑥ c, d, e
⑦ c, e, f ⑧ d, e, f

問15 次の化合物(a)〜(f)のうち，酸性（acidic）の過マンガン酸カリウム水溶液 $KMnO_4$ aq と反応する化合物の組み合わせとして最も適当なものを，下の①〜⑥の中から一つ選びなさい。 15

(a) プロパン（propane）
(b) プロパノール（propanol）
(c) 酢酸（acetic acid）
(d) 2-ブテン（2-butene）
(e) ベンゼン（benzene）
(f) シクロヘキサン（cyclohexane）

① a, c ② a, d ③ b, d
④ b, f ⑤ d, e ⑥ e, f

問16 分子式 $C_4H_8O_2$ のエステル（ester）0.528 g を完全燃焼（complete combustion）させたとき，二酸化炭素 CO_2 と水 H_2O はそれぞれ何 g 生成するか。最も適当な組み合わせを，次表の①〜⑥の中から一つ選びなさい。 |16|

	二酸化炭素〔g〕	水〔g〕
①	0.528	0.192
②	0.528	0.216
③	0.672	0.216
④	0.672	0.384
⑤	1.06	0.384
⑥	1.06	0.432

問17 次の反応(a), (b)でそれぞれ得られる生成物は下の化合物(i)〜(v)の中のどれか。その組み合わせとして最も適当なものを，下表の①〜⑥の中から一つ選びなさい。 17

(a) ベンゼンスルホン酸ナトリウムに加熱融解した水酸化ナトリウムを加えて，加熱を続ける。

(b) 酸性（acidic）条件で，p–ジエチルベンゼン（p-diethylbenzene）を過マンガン酸カリウム水溶液 $KMnO_4$ aq と反応させる。

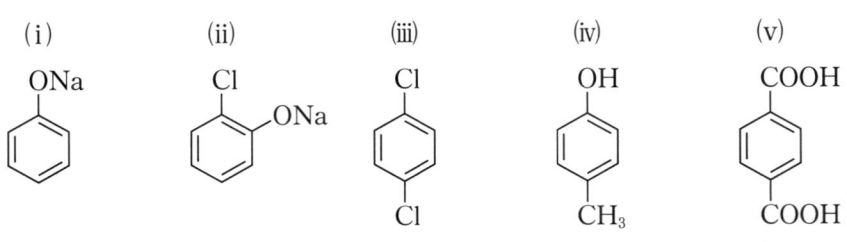

	a	b
①	(i)	(iv)
②	(i)	(v)
③	(iii)	(ii)
④	(iii)	(v)
⑤	(v)	(ii)
⑥	(v)	(iv)

問18 酢酸ナトリウム CH_3COONa 16.4 g と過剰（excess）の水酸化ナトリウム NaOH を試験管（test tube）に入れて加熱したところ，反応は完全に進んでメタン CH_4 が発生した。このとき発生したメタンは，標準状態で何 L か。最も近い値を，次の①〜⑤の中から一つ選びなさい。 18 L

① 1.0　　② 1.6　　③ 2.2　　④ 3.4　　⑤ 4.5

問19 次の化合物(a)〜(e)のうち，付加縮合（addition condensation）により合成されるものはどれか。最も適当な組み合わせを，下の①〜⑥の中から一つ選びなさい。

19

(a) ポリスチレン（polystyrene）
(b) メラミン樹脂（melamine resin）
(c) ナイロン 66（6,6-ナイロン）(nylon 66)
(d) ポリエチレンテレフタラート（poly(ethylene terephthalate)）
(e) フェノール樹脂（phenol resin）

① a, c   ② a, e   ③ b, d
④ b, e   ⑤ c, d   ⑥ d, e

問20 安息香酸（benzoic acid）とアニリン（aniline）をジエチルエーテル（diethyl ether）に溶解（dissolution）し，分液漏斗（separatory funnel）に入れ，次の(a)または(b)の水溶液を加えて激しく振り混ぜた後に静置したところ，液は2層に分かれた。安息香酸とアニリンはそれぞれ上層（upper layer），下層（lower layer）のどちらにおもに含まれるか。その組み合わせとして正しいものを，下表の①〜⑥の中から一つ選びなさい。

20

(a) 塩酸 HCl aq
(b) 炭酸水素ナトリウム水溶液 NaHCO₃ aq

	a		b	
	安息香酸	アニリン	安息香酸	アニリン
①	上層	上層	上層	上層
②	上層	下層	上層	下層
③	上層	下層	上層	上層
④	下層	上層	下層	上層
⑤	下層	上層	下層	下層
⑥	下層	下層	下層	上層

第⑩回 模擬試験

解答時間：40分

10

問1 周期表の第3周期（third period）までの元素やそのイオン（ion）に関する次の記述(a)～(e)のうち，正しいものが二つある。それらの組み合わせとして正しいものを，下の①～⑥の中から一つ選びなさい。　　1

(a) 同一周期では族番号が増加するにつれてイオン化エネルギー（ionization energy）は減少する。

(b) 同族元素では原子番号が増加するにつれてイオン化エネルギーは減少する。

(c) 同じ電子配置（electron configuration）のイオンでは原子番号が増加するにつれてイオン半径は減少する。

(d) 電子親和力（electron affinity）は1価の陽イオンに電子を一個与えたときに放出されるエネルギーに等しい。

(e) 周期表の左下の元素の原子ほどイオン化エネルギーは大きくなる。

① a, b　　　　② a, c　　　　③ b, c
④ b, d　　　　⑤ c, e　　　　⑥ d, e

問2 次の分子に関する記述(a)～(d)のうち，が正しいものが二つある。それらの組み合わせとして正しいものを，下の①～⑥の中から一つ選びなさい。　　2

H_2O　　　HCl　　　CO_2　　　N_2　　　C_2H_4　　　NH_3

(a) 単結合（single bond）だけから成る分子が4種類ある。

(b) 二重結合（double bond）を持つ分子が2種類ある。

(c) 非共有電子対（unshared electron pair）を持たない分子が1種類ある。

(d) 総電子数が同じ分子の組み合わせが2組ある。

① a, b　　　　② a, c　　　　③ a, d
④ b, c　　　　⑤ b, d　　　　⑥ c, d

問3 次の物質①～⑤のうち，物質量（amount of substance）が最も大きいものを一つ選びなさい。　　　　　　　　　　　　　　　　　　　　　　　　　　　　3

① 純水 1 mL 中の水分子
② マグネシウム原子 6.0×10^{22} 個を空気中で燃焼して酸化マグネシウムをつくるのに必要な酸素分子
③ 標準状態（standard state）の窒素 672 mL 中の窒素原子
④ pH = 2.0，電離度（degree of electrolytic dissociation）1 の塩酸 1 L 中の水素イオン
⑤ 0.1 mol/L の塩化ナトリウム水溶液 400 mL と，0.1 mol/L の硝酸銀水溶液 700 mL を混合して生じた沈殿

問4 濃度不明の食塩水の凝固点（freezing point）と 0.250 mol/kg のスクロース水溶液の凝固点を調べたところ，食塩水の凝固点がスクロース水溶液の凝固点よりも 1.40 ℃ 低い値を示した。この食塩水の質量モル濃度は何 mol/kg か。最も近い値を次の①～⑤の中から一つ選びなさい。水のモル凝固点降下（molar depression of freezing point）は 1.85 K・kg/mol とする。　　　　　　　　　　　　　　　　4 mol/kg

① 1.00　　　② 0.750　　　③ 0.500
④ 0.250　　　⑤ 0.130

問5 硫酸酸性下で硫酸鉄（Ⅱ）水溶液 5.00 mL に，0.020 mol/L の過マンガン酸カリウム（potassium permanganate）水溶液を滴下したところ，溶液が淡緑色から黄褐色を示すまでに 7.50 mL を要した。硫酸鉄（Ⅱ）水溶液のモル濃度（molar concentration）は何 mol/L か。次の①～⑤の中から一つ選びなさい。　　　　　　　　　5 mol/L

① 0.10　　　② 0.15　　　③ 0.20
④ 0.25　　　⑤ 0.30

問6　一定の温度のもとで，$2SO_2 + O_2 \rightleftharpoons 2SO_3$ の平衡定数（equilibrium constant）が 7.0×10^{25} $(mol/L)^{-1}$ であるとき，$2SO_3 \rightleftharpoons 2SO_2 + O_2$ の平衡定数は何 mol/L になるか。正しいものを次の①〜⑤の中から一つ選びなさい。

ただし，$\sqrt{2} = 1.4$, $\sqrt{3} = 1.7$, $\sqrt{5} = 2.2$, $\sqrt{7} = 2.6$ とする。　　6　mol/L

① 7.0×10^{25}　　　② 1.2×10^{-13}　　　③ 1.4×10^{-25}

④ 7.0×10^{-25}　　　⑤ 1.4×10^{-26}

問7　ある1価の弱酸（weak acid）の水溶液 30 mL に 0.1 mol/L の水酸化ナトリウム（sodium hydroxide）水溶液を滴下していくと，次に示す滴定曲線（titration curve）が得られた。中和滴定（neutralization titration）前の弱酸の電離度の値として最も近い値を，下の①〜⑥の中から一つ選びなさい。　　7

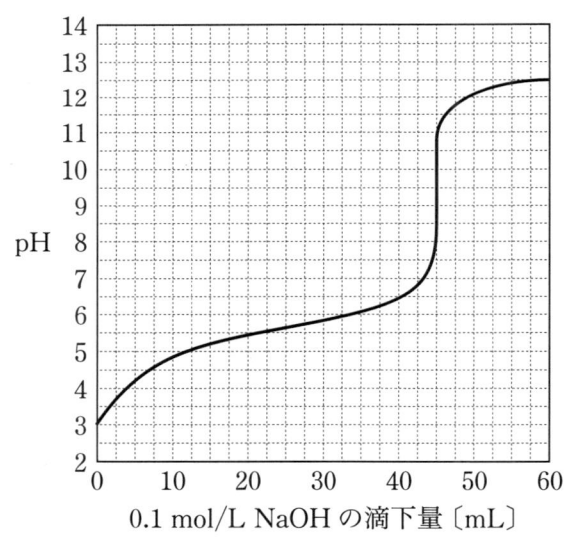

① 0.001　　　　② 0.005　　　　③ 0.007

④ 0.01　　　　⑤ 0.05　　　　⑥ 0.07

問8　アセチレン1 molを完全燃焼させたところ，1301 kJの熱が発生した。水（液体）の生成熱（heat of formation）を286 kJ/mol，黒鉛（graphite）の燃焼熱（heat of combustion）を394 kJ/molとするとき，アセチレンの生成熱として最も近い値を，次の①〜⑧の中から一つ選びなさい。　$\boxed{8}$ kJ/mol

① −227　　② −52.5　　③ −1982　　④ −2376
⑤ 228　　⑥ 52.5　　⑦ 1982　　⑧ 2376

問9　質量パーセント濃度が30％の硫酸1160 gを電解質（electrolyte）として鉛蓄電池（lead storage battery）をつくり，1.93×10^5 Cの電気量を放電させた。次の記述①〜⑥のうち，正しいものを一つ選びなさい。　$\boxed{9}$

① 硫酸1 molが消費されて水1 molが生成した結果，硫酸の濃度は約19％となった。
② 硫酸1 molが消費されて水2 molが生成した結果，硫酸の濃度は約19％となった。
③ 硫酸2 molが消費されて水1 molが生成した結果，硫酸の濃度は約15％となった。
④ 硫酸2 molが消費されて水2 molが生成した結果，硫酸の濃度は約15％となった。
⑤ 硫酸2 molが消費されて水1 molが生成した結果，硫酸の濃度は約13％となった。
⑥ 硫酸2 molが消費されて水2 molが生成した結果，硫酸の濃度は約13％となった。

問10　次の化学反応式（reaction formula）によって，70％の硫酸28 kgをつくるのに必要な硫黄は何kgか。下の①〜⑥の中から一つ選びなさい。ただし，反応は完全に進むものとする。　$\boxed{10}$ kg

$$S + O_2 \longrightarrow SO_2$$
$$2SO_2 + O_2 \longrightarrow 2SO_3$$
$$SO_3 + H_2O \longrightarrow H_2SO_4$$

① 3.2　　② 6.4　　③ 8
④ 9.6　　⑤ 13　　⑥ 16

問11 周期表の2族元素のうち，ベリリウム Be とマグネシウム Mg はアルカリ土類金属（alkali earth metals）に属さない。その理由に関する記述(a)〜(e)のうち，正しいものが二つある。それらの組み合わせとして正しいものを，下の①〜⑤の中から一つ選びなさい。 11

(a) Be と Mg は炎色反応（flame reaction）を示さないのに対し，アルカリ土類金属は特有の炎色反応を示す。

(b) Be と Mg は常温の水と反応しないのに対し，アルカリ土類金属は常温の水と反応する。

(c) Be と Mg の硫酸塩は水に難溶であるのに対し，アルカリ土類金属の硫酸塩は水によく溶ける。

(d) Be と Mg の水酸化物は水によく溶けるのに対し，アルカリ土類金属の水酸化物は水に難溶である。

(e) Be と Mg の硝酸塩は水に難溶であるのに対し，アルカリ土類金属の硝酸塩は水によく溶ける。

① a, b　　　② b, c　　　③ c, d
④ d, e　　　⑤ a, e

問12 ハロゲン（halogen）に関する記述として**誤っているもの**を，次の①〜⑥の中から一つ選びなさい。 12

① 単体（simple substance）の融点（melting point）の高さは，$I_2 > Br_2 > Cl_2 > F_2$ の順である。

② 単体の酸化力（oxidizing power）の強さは，$F_2 > Cl_2 > Br_2 > I_2$ の順である。

③ イオン半径の大きさは，$I^- > Br^- > Cl^- > F^-$ の順である。

④ ハロゲン化水素の沸点（boiling point）の高さは，HI > HBr > HCl > HF の順である。

⑤ ハロゲン化水素の酸の強さは，HI > HBr > HCl > HF の順ある。

⑥ 原子の電気陰性度（electronegativity）の大きさは，F > Cl > Br > I の順である。

問13 次の図のように，Aの三角フラスコの中でさらし粉（bleaching powder）と濃塩酸を反応させ，出てきた気体をBの水とCの濃硫酸の中に通して，Dのびんに捕集する実験を行った。実験結果に関する記述として，**誤っているもの**を，下の①～⑤の中から一つ選びなさい。 13

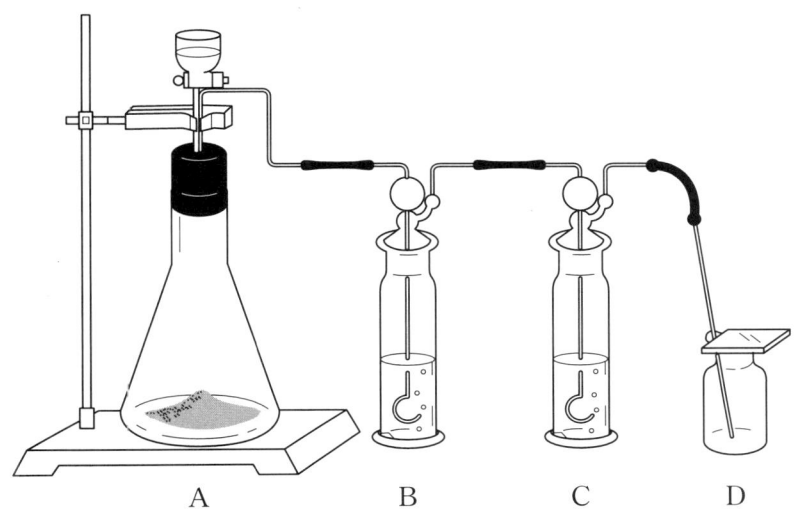

① Bの水は漂白作用を示すようになる。

② Bの水は弱酸性を示すようになる。

③ Cの濃硫酸は水分を捕集するために用いる。

④ Dの気体と水素に光を当てて反応させると爆発的に反応する。

⑤ Dの気体を水酸化カルシウムと反応させるとさらし粉ができる。

問14 金属イオン (metal ion)，Ag^+，Cu^{2+}，Fe^{3+}を含む混合溶液がある。これについて次の図のような実験により各イオンをそれぞれ分離することができた。

この実験に関する記述(a)～(e)のうち，正しいものが二つある。それらの組み合わせとして正しいものを，下の①～⑥の中から一つ選びなさい。　14

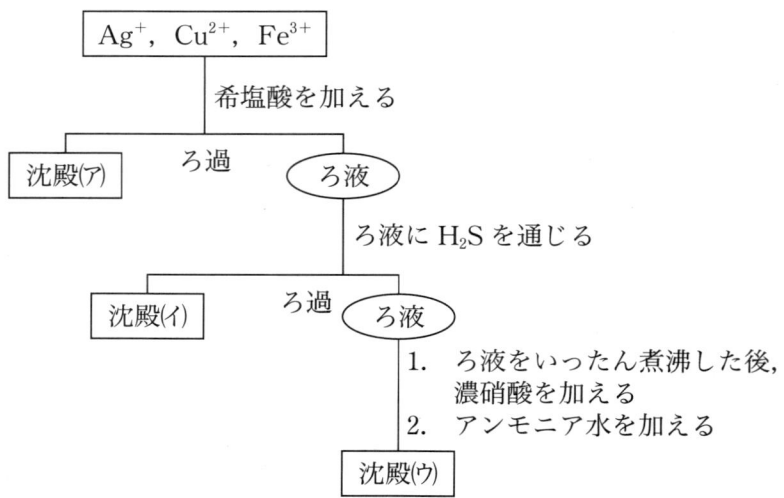

(a) 沈殿(ア)は白色で，熱湯に溶けやすい。

(b) 沈殿(イ)は黒色で，化学式 (chemical formula) は CuS である。

(c) 沈殿(イ)は黒色で，化学式は FeS である。

(d) 沈殿(ウ)は赤褐色で，化学式は $Fe(OH)_3$ である。

(e) 沈殿(ウ)は青白色で，過剰のアンモニア水に溶ける。

① a, d　　　② a, e　　　③ b, d

④ b, e　　　⑤ c, e　　　⑥ d, e

問15 遷移元素（transition element）に関する次の記述①〜⑤のうち，**誤っているもの**を一つ選びなさい。　15

① 鉄，銅，亜鉛が例としてあげられる。
② イオン（ion）や化合物（compound）は有色のものが多い。
③ 同じ原子が複数の酸化数（oxidation number）をとることが多い。
④ 典型元素（main group element）に比べて，単体は一般に融点（melting point）が高く，密度が大きい。
⑤ 周期表の同一周期で隣り合う元素どうしが似た性質を示すものが多い。

問16 炭素，水素，酸素だけを含む化合物 22.5 mg を燃焼させたり，この化合物の性質を調べたりしたところ，次のようなことがわかった。この化合物に関する記述(a)〜(e)のうち，**誤っているもの**が二つある。それらの組み合わせとして正しいものを，下の①〜⑥の中から一つ選びなさい。　16

- 燃焼させると水 13.5 mg，二酸化炭素 33.0 mg が生成する。
- 分子量の測定値は約 90 である。
- 分子内に不斉炭素原子（asymmetric carbon atom）を持つ。
- フェーリング液（Fehling's solution）を還元（reduction）しない。

(a) 水溶液は酸性を示す。
(b) この分子どうしは互いにエステル結合（ester bond）で縮合できる。
(c) 薄い臭素水に加えて振り混ぜると臭素水の赤褐色が消える。
(d) タンパク質（protein）を構成する成分の一つである。
(e) この化合物の立体異性体どうしは融点が同じである。

① a, b　　② a, d　　③ b, c
④ b, d　　⑤ c, d　　⑥ c, e

問17　硫酸水銀（Ⅱ）を触媒として，アセチレンと水を反応させて得られる化合物 A がある。化合物 A を酸化して得られる化合物 B 1 mol を水に溶かして 1 L とする。この一定量を使い濃度未知の水酸化ナトリウム水溶液を滴下して中和滴定（neutralization titration）するとき，指示薬 C を用いる。A，B，C の物質名について，最も適当な組み合わせを，下表の①〜⑤の中から一つ選びなさい。　17

	A	B	C
①	アセトン	酢酸（acetic acid）	メチルオレンジ
②	アセトアルデヒド	酢酸	メチルオレンジ
③	メタノール	酢酸	ブロモチモールブルー
④	アセトアルデヒド	酢酸	フェノールフタレイン
⑤	アセトン	プロピオン酸	フェノールフタレイン

問18　次のように，ベンゼン（benzene）から化合物Ⅳを合成した。化合物Ⅳに関する記述(a)〜(e)のうち，正しいものが三つある。それらの組み合わせとして正しいものを下の①〜⑤の中から一つ選びなさい。　18

ベンゼン $\xrightarrow[\text{(Fe)}]{+Cl_2}$ 化合物Ⅰ $\xrightarrow[\text{加圧・加熱}]{+NaOH}$ 化合物Ⅱ $\xrightarrow[\text{高温・高圧}]{+CO_2}$ 化合物Ⅲ $\xrightarrow[\text{加圧・加熱}]{+H_2SO_4}$ 化合物Ⅳ

(a)　フェーリング液（Fehling's solution）を還元する。

(b)　硫酸酸性の二クロム酸カリウム水溶液を加えると黒色物質を生じる。

(c)　塩化鉄（Ⅲ）と反応して赤紫色を呈する。

(d)　冷水には溶けにくいが，熱水には溶けて酸性を示す。

(e)　この化合物にメタノールと濃硫酸を反応させた生成物（product）は消炎鎮痛剤として使用される。

① a, b, c　　② a, b, e　　③ a, d, e
④ b, c, d　　⑤ c, d, e

問19 安息香酸，トルエン，アニリン，p-クレゾール，サリチル酸をジエチルエーテルに溶かした混合溶液がある。化合物を分離するために下図のような操作を行った。X，Y，Zの各層に分離される化合物はどれか。それらの組み合わせとして正しいものを，下表の①～⑨の中から一つ選びなさい。ただし，分離操作により，イオン（ion）として存在するものもある。

|19|

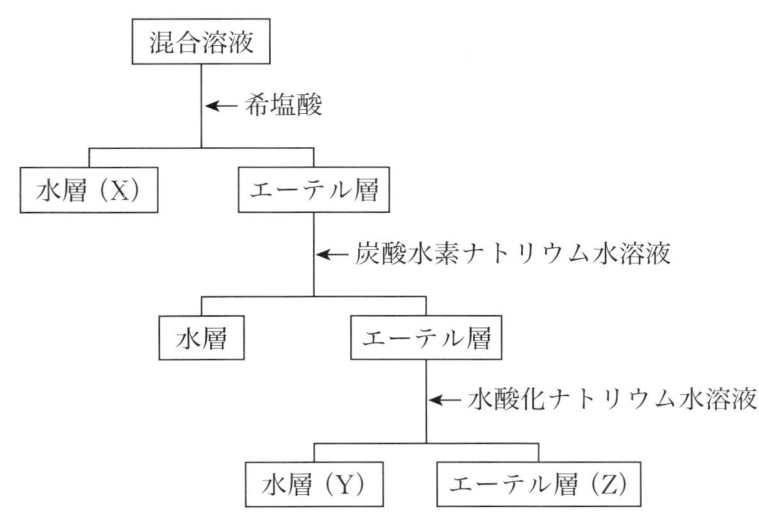

	X	Y	Z
①	安息香酸（benzoic acid）	p-クレゾール	トルエン
②	安息香酸	トルエン	アニリン
③	トルエン	p-クレゾール	アニリン
④	アニリン	トルエン	サリチル酸
⑤	安息香酸	p-クレゾール	サリチル酸
⑥	アニリン	p-クレゾール	トルエン
⑦	トルエン	アニリン	サリチル酸
⑧	アニリン	p-クレゾール	サリチル酸
⑨	トルエン	p-クレゾール	サリチル酸

問20 高級脂肪酸（higher fatty acid）のナトリウム塩であるセッケン（X）と代表的な合成洗剤（synthetic detergent）である硫酸アルキルナトリウム（Y）に関する次の記述(a)〜(e)のうち，正しいものが二つある。それらの組み合わせとして正しいものを，下の①〜⑤の中から一つ選びなさい。 20

(a) X の水溶液は弱塩基性を示すが，Y の水溶液は弱酸性を示す。

(b) X と異なり Y が硬水（hard water）中でもよく泡立つのは，硫酸塩の場合はカルシウムやマグネシウムとの塩でも水によく溶けるからである。

(c) X の合成にはけん化（saponification）反応が利用されるが，Y の合成にはエステル化（esterification）反応が利用される。

(d) 水に溶かしたとき，X は親水基を外側に向けたミセル（micelle）をつくるが，Y は親水基を内側に向けたミセルをつくる。

(e) 脂肪油（fatty oil）に X の水溶液を混合すると乳化するが，Y の水溶液を混合しても乳化は起こらない。

① a, b　　② a, e　　③ b, c

④ c, d　　⑤ d, e

解　答

第 1 回　　正解・解答記入表

★ 難易度は3段階で示しており，星が多いほど難しい問題であることを表している。
★ 分野は，行知学園化学教研組が，分析に基づき独自に定めたものである。

問	解答番号	解答記入欄	正解	明示単元	分野	難易度
問1	1		⑦	原子構造	理論	★★
問2	2		①	金属結合	理論	★★
問3	3		③	物質量など	理論	★★★
問4	4		③	化学反応式	理論	★★★
問5	5		⑥	化学反応とエネルギー	理論	★
問6	6		②	酸化・還元	理論	★★
問7	7		③	電気化学	理論	★★★
問8	8		④	溶液の性質	理論	★★
問9	9		①	溶液の性質	理論	★★★
問10	10		⑥	反応速度と化学平衡	理論	★★
問11	11		③	遷移元素	無機	★★
問12	12		⑧	無機物質の工業的製法	無機	★★
問13	13		④	典型元素（主要族元素）	無機	★★
問14	14		⑦	遷移元素	無機	★★
問15	15		⑥	金属イオンの分離・分析	無機	★★
問16	16		⑥	炭化水素	有機	★★
問17	17		④	芳香族化合物	有機	★★
問18	18		②	芳香族化合物	有機	★★
問19	19		②	有機化合物	有機	★★★
問20	20		①	高分子化合物	有機	★★

第❷回　正解・解答記入表

★ 難易度は3段階で示しており，星が多いほど難しい問題であることを表している。
★ 分野は，行知学園化学教研組が，分析に基づき独自に定めたものである。

問	解答番号	解答記入欄	正解	明示単元	分野	難易度
問1	1		②	電子配置	理論	★
問2	2		③	分子間力	理論	★★
問3	3		①	物質量など	理論	★★★
問4	4		⑤	金属結合	理論	★★
問5	5		②	状態の変化	理論	★★
問6	6		⑥	化学反応式	理論	★★★
問7	7		①	溶液の性質	理論	★★
問8	8		⑧	化学反応とエネルギー	理論	★★
問9	9		④	反応速度と化学平衡	理論	★★
問10	10		⑦	電離平衡	理論	★★★
問11	11		③	典型元素（主要族元素）	無機	★★
問12	12		①	無機物質の工業的製法	無機	★★
問13	13		⑥	典型元素（主要族元素）	無機	★★
問14	14		⑦	遷移元素	無機	★★★
問15	15		④	金属イオンの分離・分析	無機	★★
問16	16		③	官能基をもつ化合物	有機	★★★
問17	17		⑦	芳香族化合物	有機	★★
問18	18		④	芳香族化合物	有機	★★
問19	19		⑥	高分子化合物	有機	★★★
問20	20		①	高分子化合物	有機	★★

第3回 正解・解答記入表

★ 難易度は3段階で示しており，星が多いほど難しい問題であることを表している。
★ 分野は，行知学園化学教研組が，分析に基づき独自に定めたものである。

問	解答番号	解答記入欄	正解	明示単元	分野	難易度
問1	1		⑤	電子配置	理論	★★
問2	2		④	物質量など	理論	★★★
問3	3		①	酸・塩基	理論	★★★
問4	4		⑤	化学反応とエネルギー	理論	★★
問5	5		④	化学反応式	理論	★★
問6	6		⑤	物質の状態	理論	★★
問7	7		②	共有結合	理論	★★
問8	8		③	反応速度と化学平衡	理論	★★★
問9	9		②	酸化・還元	理論	★★
問10	10		②	酸・塩基	理論	★★
問11	11		①	典型元素（主要族元素）	無機	★★
問12	12		③	遷移元素	無機	★★★
問13	13		④	無機物質の工業的製法	無機	★★★
問14	14		③	金属イオンの分離・分析	無機	★★★
問15	15		②	無機物質と人間生活	無機	★★
問16	16		④	官能基をもつ化合物	有機	★
問17	17		②	芳香族化合物	有機	★★★
問18	18		⑤	有機化合物	有機	★★
問19	19		④	高分子化合物	有機	★★
問20	20		⑥	高分子化合物	有機	★★

第 4 回　正 解 ・ 解 答 記 入 表

★ 難易度は3段階で示しており，星が多いほど難しい問題であることを表している。
★ 分野は，行知学園化学教研組が，分析に基づき独自に定めたものである。

問	解答番号	解答記入欄	正解	明示単元	分野	難易度
問1	1		⑤	純物質と混合物	理論	★★
問2	2		⑤	共有結合	理論	★★
問3	3		⑤	金属結合	理論	★★
問4	4		⑧	気体の性質	理論	★★★
問5	5		⑤	酸・塩基	理論	★★
問6	6		④	気体の性質	理論	★★
問7	7		③	溶液の平衡	理論	★★
問8	8		⑤	化学反応とエネルギー	理論	★★
問9	9		③	電離平衡	理論	★★
問10	10		③	電池	理論	★★★
問11	11		①	典型元素（主要族元素）	無機	★
問12	12		⑦	遷移元素	無機	★★
問13	13		②	無機物質の工業的製法	無機	★★
問14	14		③	金属イオンの分離・分析	無機	★★
問15	15		①	無機物質と人間生活	無機	★
問16	16		④	炭化水素	有機	★★
問17	17		②	芳香族化合物	有機	★★
問18	18		⑦	芳香族化合物	有機	★★
問19	19		⑤	高分子化合物	有機	★★
問20	20		②	高分子化合物	有機	★★★

第 5 回　正解・解答記入表

★ 難易度は3段階で示しており，星が多いほど難しい問題であることを表している。
★ 分野は，行知学園化学教研組が，分析に基づき独自に定めたものである。

問	解答番号	解答記入欄	正解	明示単元	分野	難易度
問1	1		④	原子構造	理論	★★
問2	2		③	純物質と混合物	理論	★★
問3	3		⑤	金属結合	理論	★★
問4	4		⑤	化学反応式	理論	★★
問5	5		⑧	溶液の性質	理論	★★
問6	6		②	化学反応とエネルギー	理論	★★
問7	7		⑤	電気化学	理論	★★★
問8	8		③	反応速度と化学平衡	理論	★★
問9	9		⑥	化学反応式	理論	★★★
問10	10		③	溶液の性質	理論	★★
問11	11		②	典型元素（主要族元素）	無機	★★
問12	12		①	遷移元素	無機	★★
問13	13		⑥	無機物質の工業的製法	無機	★★★
問14	14		③	金属イオンの分離・分析	無機	★★
問15	15		⑤	無機物質と人間生活	無機	★★
問16	16		③	炭化水素	有機	★★
問17	17		②	芳香族化合物	有機	★★
問18	18		④	有機化合物	有機	★★
問19	19		①	高分子化合物	有機	★★★
問20	20		⑤	高分子化合物	有機	★★★

第6回 正解・解答記入表

★ 難易度は3段階で示しており，星が多いほど難しい問題であることを表している。
★ 分野は，行知学園化学教研組が，分析に基づき独自に定めたものである。

問	解答番号	解答記入欄	正解	明示単元	分野	難易度
問1	1		①	状態の変化	理論	★★
問2	2		⑤	化学結合と物質の性質	理論	★★
問3	3		⑥	物質量など	理論	★★★
問4	4		④	共有結合	理論	★★
問5	5		③	酸・塩基	理論	★★
問6	6		⑥	状態の変化	理論	★★
問7	7		⑧	酸・塩基	理論	★★★
問8	8		②	電気化学	理論	★★
問9	9		③	酸・塩基	理論	★★★
問10	10		④	物質の状態	理論	★★
問11	11		⑤	典型元素（主要族元素）	無機	★★
問12	12		②	共有結合	無機	★★
問13	13		⑦	無機物質の工業的製法	無機	★★
問14	14		②	金属イオンの分離・分析	無機	★★
問15	15		⑥	無機物質と人間生活	無機	★★
問16	16		①	炭化水素	有機	★★
問17	17		④	官能基をもつ化合物	有機	★★★
問18	18		②	有機化合物	有機	★★
問19	19		②	高分子化合物	有機	★★
問20	20		⑤	高分子化合物	有機	★★

第 7 回　正解・解答記入表

★ 難易度は3段階で示しており，星が多いほど難しい問題であることを表している。
★ 分野は，行知学園化学教研組が，分析に基づき独自に定めたものである。

問	解答番号	解答記入欄	正解	明示単元	分野	難易度
問1	1		⑤	化学式	理論	★
問2	2		⑥	純物質と混合物	理論	★★
問3	3		③	化学反応式	理論	★★
問4	4		②	物質量など	理論	★★★
問5	5		①	酸化・還元	理論	★★
問6	6		②	化学反応とエネルギー	理論	★★★
問7	7		④	溶液の性質	理論	★★★
問8	8		④	酸・塩基	理論	★★
問9	9		④	気体の性質	理論	★★
問10	10		③	反応速度と化学平衡	理論	★
問11	11		⑥	無機物質の工業的製法	無機	★★
問12	12		④	遷移元素	無機	★★
問13	13		②	無機物質の工業的製法	無機	★★
問14	14		⑥	金属イオンの分離・分析	無機	★★
問15	15		⑤	無機物質の工業的製法	無機	★★
問16	16		②	官能基をもつ化合物	有機	★★★
問17	17		②	芳香族化合物	有機	★★★
問18	18		③	有機化合物	有機	★★
問19	19		②	高分子化合物	有機	★★
問20	20		④	高分子化合物	有機	★★★

第8回　正解・解答記入表

★ 難易度は3段階で示しており，星が多いほど難しい問題であることを表している。
★ 分野は，行知学園化学教研組が，分析に基づき独自に定めたものである。

問	解答番号	解答記入欄	正解	明示単元	分野	難易度
問1	1		②	純物質と混合物	理論	★
問2	2		⑤	物質量など	理論	★★
問3	3		③	物質量など	理論	★★
問4	4		②	状態の変化	理論	★★
問5	5		④	気体の性質	理論	★★
問6	6		⑤	溶液の性質	理論	★★
問7	7		①	溶液の性質	理論	★★
問8	8		③	状態の変化	理論	★★
問9	9		①	酸化・還元	理論	★★
問10	10		②	電池	理論	★★★
問11	11		⑧	典型元素（主要族元素）	無機	★★
問12	12		④	典型元素（主要族元素）	無機	★★
問13	13		①	典型元素（主要族元素）	無機	★★
問14	14		⑤	遷移元素	無機	★★
問15	15		③	金属イオンの分離・分析	無機	★★
問16	16		⑤	官能基をもつ化合物	有機	★★★
問17	17		②	芳香族化合物	有機	★★★
問18	18		③	芳香族化合物	有機	★★
問19	19		②	高分子化合物	有機	★★
問20	20		②	高分子化合物	有機	★★

第9回 正解・解答記入表

★ 難易度は3段階で示しており，星が多いほど難しい問題であることを表している。
★ 分野は，行知学園化学教研組が，分析に基づき独自に定めたものである。

問	解答番号	解答記入欄	正解	明示単元	分野	難易度
問1	1		⑤	電子配置	理論	★
問2	2		⑤	電子配置	理論	★★
問3	3		②	共有結合	理論	★★★
問4	4		④	純物質と混合物	理論	★★
問5	5		⑥	気体の性質	理論	★★
問6	6		①	溶液の平衡	理論	★★
問7	7		⑤	金属イオンの分離・分析	理論	★★
問8	8		②	酸・塩基	理論	★★★
問9	9		④	溶液の平衡	理論	★★
問10	10		②	電気化学	理論	★★
問11	11		③	典型元素（主要族元素）	無機	★★
問12	12		⑥	典型元素（主要族元素）	無機	★★
問13	13		①	典型元素（主要族元素）	無機	★★
問14	14		①	炭化水素	有機	★★
問15	15		③	官能基をもつ化合物	有機	★★
問16	16		⑥	官能基をもつ化合物	有機	★★
問17	17		②	芳香族化合物	有機	★★
問18	18		⑤	官能基をもつ化合物	有機	★★
問19	19		④	高分子化合物	有機	★
問20	20		③	芳香族化合物	有機	★★

第 10 回　正解・解答記入表

★ 難易度は 3 段階で示しており，星が多いほど難しい問題であることを表している。
★ 分野は，行知学園化学教研組が，分析に基づき独自に定めたものである。

問	解答番号	解答記入欄	正解	明示単元	分野	難易度
問1	1		③	イオン結合	理論	★★
問2	2		④	共有結合	理論	★★
問3	3		③	物質量など	理論	★★★
問4	4		③	溶液の性質	理論	★★
問5	5		②	酸化・還元	理論	★★
問6	6		⑤	反応速度と化学平衡	理論	★★
問7	7		③	酸・塩基	理論	★★★
問8	8		①	化学反応とエネルギー	理論	★★
問9	9		④	電池	理論	★★★
問10	10		②	化学反応式	理論	★★
問11	11		①	典型元素（主要族元素）	無機	★★
問12	12		④	典型元素（主要族元素）	無機	★★
問13	13		②	典型元素（主要族元素）	無機	★★
問14	14		③	金属イオンの分離・分析	無機	★★
問15	15		①	遷移元素	無機	★★
問16	16		⑤	官能基をもつ化合物	有機	★★★
問17	17		④	官能基をもつ化合物	有機	★★
問18	18		⑤	芳香族化合物	有機	★★★
問19	19		⑥	芳香族化合物	有機	★★
問20	20		③	官能基をもつ化合物	有機	★★

付　録

	1	2	3	4	5	6	7	8	9	10	11	12	13	14	15	16	17	18
1	1 H 水素 1.008																	2 He ヘリウム 4.003
2	3 Li リチウム 6.941	4 Be ベリリウム 9.012											5 B ホウ素 10.81	6 C 炭素 12.01	7 N 窒素 14.01	8 O 酸素 16.00	9 F フッ素 19.00	10 Ne ネオン 20.18
3	11 Na ナトリウム 22.99	12 Mg マグネシウム 24.31											13 Al アルミニウム 26.98	14 Si ケイ素 28.09	15 P リン 30.97	16 S 硫黄 32.07	17 Cl 塩素 35.45	18 Ar アルゴン 39.95
4	19 K カリウム 39.10	20 Ca カルシウム 40.08	21 Sc スカンジウム 44.96	22 Ti チタン 47.87	23 V バナジウム 50.94	24 Cr クロム 52.00	25 Mn マンガン 54.94	26 Fe 鉄 55.85	27 Co コバルト 58.93	28 Ni ニッケル 58.69	29 Cu 銅 63.55	30 Zn 亜鉛 65.38	31 Ga ガリウム 69.72	32 Ge ゲルマニウム 72.63	33 As ヒ素 74.92	34 Se セレン 78.97	35 Br 臭素 79.90	36 Kr クリプトン 83.80
5	37 Rb ルビジウム 85.47	38 Sr ストロンチウム 87.62	39 Y イットリウム 88.91	40 Zr ジルコニウム 91.22	41 Nb ニオブ 92.91	42 Mo モリブデン 95.95	43 Tc テクネチウム (99)	44 Ru ルテニウム 101.1	45 Rh ロジウム 102.9	46 Pd パラジウム 106.4	47 Ag 銀 107.9	48 Cd カドミウム 112.4	49 In インジウム 114.8	50 Sn スズ 118.7	51 Sb アンチモン 121.8	52 Te テルル 127.6	53 I ヨウ素 126.9	54 Xe キセノン 131.3
6	55 Cs セシウム 132.9	56 Ba バリウム 137.3	57〜71 ランタノイド	72 Hf ハフニウム 178.5	73 Ta タンタル 180.9	74 W タングステン 183.8	75 Re レニウム 186.2	76 Os オスミウム 190.2	77 Ir イリジウム 192.2	78 Pt 白金 195.1	79 Au 金 197.0	80 Hg 水銀 200.6	81 Tl タリウム 204.4	82 Pb 鉛 207.2	83 Bi ビスマス 209.0	84 Po ポロニウム (210)	85 At アスタチン (210)	86 Rn ラドン (222)
7	87 Fr フランシウム (223)	88 Ra ラジウム (226)	89〜103 アクチノイド	104 Rf ラザホージウム (267)	105 Db ドブニウム (268)	106 Sg シーボーギウム (271)	107 Bh ボーリウム (272)	108 Hs ハッシウム (277)	109 Mt マイトネリウム (276)	110 Ds ダームスタチウム (281)	111 Rg レントゲニウム (280)	112 Cn コペルニシウム (285)	113 Nh ニホニウム (284)	114 Fl フレロビウム (289)	115 Mc モスコビウム (288)	116 Lv リバモリウム (293)	117 Ts テネシン (293)	118 Og オガネソン (294)

57 La ランタン 138.9	58 Ce セリウム 140.1	59 Pr プラセオジム 140.9	60 Nd ネオジム 144.2	61 Pm プロメチウム (145)	62 Sm サマリウム 150.4	63 Eu ユウロピウム 152.0	64 Gd ガドリニウム 157.3	65 Tb テルビウム 158.9	66 Dy ジスプロシウム 162.5	67 Ho ホルミウム 164.9	68 Er エルビウム 167.3	69 Tm ツリウム 168.9	70 Yb イッテルビウム 173.0	71 Lu ルテチウム 175.0
89 Ac アクチニウム (227)	90 Th トリウム 232.0	91 Pa プロトアクチニウム 231.0	92 U ウラン 238.0	93 Np ネプツニウム (237)	94 Pu プルトニウム (239)	95 Am アメリシウム (243)	96 Cm キュリウム (247)	97 Bk バークリウム (247)	98 Cf カリホルニウム (252)	99 Es アインスタイニウム (252)	100 Fm フェルミウム (257)	101 Md メンデレビウム (258)	102 No ノーベリウム (259)	103 Lr ローレンシウム (262)

	1	2	3	4	5	6	7	8	9	10	11	12	13	14	15	16	17	18
1	1 H 수소 1.008																	2 He 헬륨 4.003
2	3 Li 리튬 6.941	4 Be 베릴륨 9.012											5 B 붕소 10.81	6 C 탄소 12.01	7 N 질소 14.01	8 O 산소 16.00	9 F 플루오린 19.00	10 Ne 네온 20.18
3	11 Na 소듐 22.99	12 Mg 마그네슘 24.31											13 Al 알루미늄 26.98	14 Si 규소 28.09	15 P 인 30.97	16 S 황 32.07	17 Cl 염소 35.45	18 Ar 아르곤 39.95
4	19 K 포타슘 39.10	20 Ca 칼슘 40.08	21 Sc 스칸듐 44.96	22 Ti 타이타늄 47.87	23 V 바나듐 50.94	24 Cr 크로뮴 52.00	25 Mn 망가니즈 54.94	26 Fe 철 55.85	27 Co 코발트 58.93	28 Ni 니켈 58.69	29 Cu 구리 63.55	30 Zn 아연 65.38	31 Ga 갈륨 69.72	32 Ge 저마늄 72.63	33 As 비소 74.92	34 Se 셀레늄 78.97	35 Br 브로민 79.90	36 Kr 크립톤 83.80
5	37 Rb 루비듐 85.47	38 Sr 스트론튬 87.62	39 Y 이트륨 88.91	40 Zr 지르코늄 91.22	41 Nb 나이오븀 92.91	42 Mo 몰리브데넘 95.95	43 Tc 테크네튬 (99)	44 Ru 루테늄 101.1	45 Rh 로듐 102.9	46 Pd 팔라듐 106.4	47 Ag 은 107.9	48 Cd 카드뮴 112.4	49 In 인듐 114.8	50 Sn 주석 118.7	51 Sb 안티모니 121.8	52 Te 텔루륨 127.6	53 I 아이오딘 126.9	54 Xe 제논 131.3
6	55 Cs 세슘 132.9	56 Ba 바륨 137.3	57~71 란타넘족	72 Hf 하프늄 178.5	73 Ta 탄탈럼 180.9	74 W 텅스텐 183.8	75 Re 레늄 186.2	76 Os 오스뮴 190.2	77 Ir 이리듐 192.2	78 Pt 백금 195.1	79 Au 금 197.0	80 Hg 수은 200.6	81 Tl 탈륨 204.4	82 Pb 납 207.2	83 Bi 비스무트 209.0	84 Po 폴로늄 (210)	85 At 아스타틴 (210)	86 Rn 라돈 (222)
7	87 Fr 프랑슘 (223)	88 Ra 라듐 (226)	89~103 악티늄족	104 Rf 러더포듐 (267)	105 Db 두브늄 (268)	106 Sg 시보귬 (271)	107 Bh 보륨 (272)	108 Hs 하슘 (277)	109 Mt 마이트너륨 (276)	110 Ds 다름슈타튬 (281)	111 Rg 뢴트게늄 (280)	112 Cn 코페르니슘 (285)	113 Nh 니호늄 (284)	114 Fl 플레로븀 (289)	115 Mc 모스코븀 (288)	116 Lv 리버모륨 (293)	117 Ts 테네신 (293)	118 Og 오가네손 (294)

57 La 란타넘 138.9	58 Ce 세륨 140.1	59 Pr 프라세오디뮴 140.9	60 Nd 네오디뮴 144.2	61 Pm 프로메튬 (145)	62 Sm 사마륨 150.4	63 Eu 유로퓸 152.0	64 Gd 가돌리늄 157.3	65 Tb 터븀 158.9	66 Dy 디스프로슘 162.5	67 Ho 홀뮴 164.9	68 Er 어븀 167.3	69 Tm 툴륨 168.9	70 Yb 이터븀 173.0	71 Lu 루테튬 175.0
89 Ac 악티늄 (227)	90 Th 토륨 232.0	91 Pa 프로트악티늄 231.0	92 U 우라늄 238.0	93 Np 넵투늄 (237)	94 Pu 플루토늄 (239)	95 Am 아메리슘 (243)	96 Cm 퀴륨 (247)	97 Bk 버클륨 (247)	98 Cf 캘리포늄 (252)	99 Es 아인슈타이늄 (252)	100 Fm 페르뮴 (257)	101 Md 멘델레븀 (258)	102 No 노벨륨 (259)	103 Lr 로렌슘 (262)

일영한 용어대조표

日本語	English	한국어
あ α－アミノ酸	α-amino acid	α−아미노산
アクリル繊維	acrylic fiber	아크릴 섬유
アセチル化	acetylation	아세틸화
アセチル基	acetyl group	아세틸기
アセテート	acetate	아세테이트
アゾ化合物	azo compound	아조 화합물
アゾ基	azo group	아조기
アゾ染料	azo dye	아조염료
圧力	pressure	압력
アデノシン三リン酸	adenosine triphosphate	아데노신 삼인산(ATP)
アデノシン二リン酸	adenosine diphosphate	아데노신 이인산(ADP)
アボガドロ定数	Avogadro constant	아보가드로 상수
アマルガム	amalgam	아말감
アミド結合	amide bond	아마이드 결합
アミノ基	amino group	아미노기
アミノ樹脂	amino resin	아미노 수지
アミン	amine	아민
アモルファス（非晶質）	amorphous	비결정질(무정형)
アルカリ	alkali	알칼리
アルカリ金属元素	alkali metals	알칼리 금속원소
アルカリ土類金属	alkali earth metals	알칼리 토금속
アルカン	alkane	알케인(알칸)
アルキド樹脂	alkyd resin	알키드 수지
アルキル基	alkyl group	알킬기
アルキン	alkyne	알카인
アルコール	alcohol	알코올
アルコール発酵	alcoholic fermentation	알코올 발효
アルデヒド	aldehyde	알데하이드
アルデヒド基	aldehyde group	알데하이드기
ケトン基	ketone group	케톤기
アルミナ	alumina	알루미나
アレーニウスの式	Arrhenius equation	아레니우스식
い イオン	ion	이온
イオン化エネルギー	ionization energy	이온화 에너지
イオン化傾向	ionization tendency	이온화 경향
イオン化列	ionization series	이온화 서열
イオン結合	ionic bond	이온 결합
イオン結晶	ionic crystal	이온 결정
イオン交換樹脂	ion-exchange resin	이온 교환수지
イオン交換膜法	ion-exchange membrane method	이온 교환막법
異化	catabolism	이화
一次電池	primary battery	일차전지
陰イオン	anion	음이온
陰イオン交換樹脂	anion-exchange resin	음이온 교환수지
陰極	cathode	케쏘드(음극)
う ウンデカン	undecane	운데케인
え エーテル	ether	에터

日本語	English	한국어
液体	liquid	액체
エステル	ester	에스터
エステル化	esterification	에스터화
エステル結合	ester bond	에스터 결합
エタン	ethane	에테인
エボナイト	ebonite	에보나이트
塩	salt	소금
塩化物	chloride	염화물
塩基	base	염기
塩基性アミノ酸	basic amino acid	염기성 아미노산
塩基性塩	basic salt	염기성 염
塩酸	hydrochloric acid	염산
炎色反応	flame reaction	불꽃반응
延性	ductility	연성
塩析	salting-out	염석
塩素化	chlorination	염소화
お オキソ酸	oxoacid	옥소산
オクタン	octane	옥테인
オストワルト法	Ostwald process	오스트발트법(암모니아 산화법)
か カーボンナノチューブ	carbon nanotube	탄소나노튜브
開環重合	ring-opening polymerization	고리열림중합
会合コロイド	association colloid	회합 콜로이드
化学結合	chemical bond	화학결합
化学式	chemical formula	화학식
化学繊維	chemical fiber	화학섬유
化学発光（化学ルミネセンス）	chemiluminescence	화학발광(화학 루미네선스)
化学反応	chemical reaction	화학반응
化学平衡の状態	chemical equilibration	화학평형 상태
化学平衡の法則	equilibrium law	화학평형 법칙
化学変化	chemical change	화학변화
可逆反応	reversible reaction	가역 작용
架橋構造	crosslinked structure	가교구조
拡散	diffusion	확산
核酸	nucleic acid	핵산
化合物	compound	화합물
加水分解	hydrolysis	가수분해
活性化エネルギー	activation energy	활성화 에너지
活性化状態	activated state	활성화 상태
活性中心	active center	활성 중심
活性部位	active site	활성 부위
活物質	active material	활성물질
価電子	valence electron	원자가전자(가전자)
価標	bond	결합(가표)
過飽和	supersaturation	과포화
過飽和溶液	supersaturated solution	과포화 용액
加硫	cure	가황
カルボキシ基	carboxy group	카르복시기
カルボニル化合物	carbonyl compound	카보닐 화합물
カルボン酸	carboxylic acid	카복실산
過冷却	supercooling	과냉각

日本語	English	한국어
還元	reduction	환원
還元剤	reducing agent	환원제
還元糖	reducing sugar	환원당
感光性	photosensitivity	감광성
感光性高分子	photosensitive polymer	감광성 고분자
環式化合物	cyclic compound	고리 화합물
緩衝液	buffer solution	완충용액
緩衝作用	buffering action	완충작용
乾性油	drying oil	건성유
官能基	functional group	작용기
き 基	group	기(그룹)
気液平衡	gas-liquid equilibrium	기체-액체 평형(기액평형)
幾何異性体	geometrical isomer	기하 이성질체
希ガス	rare gases	희유 기체
キサントプロテイン反応	xanthoprotein reaction	크산토프로테인 반응
基質	substrate	기질
基質特異性	specificity of substrate	기질특이성
生石灰	quick lime	생석회
キセロゲル	xerogel	건조젤
気体	gas	기체
気体定数	gas constant	기체 상수
気体の状態方程式	gas (state) equation	기체의 상태방정식
基底状態	ground state	바닥 상태
起電力	electromotive force	기전력
逆反応	reverse reaction	역반응
球状タンパク質	globular protein	구형 단백질
吸水性高分子	water-absorbing polymer	흡수성 고분자
吸熱反応	endothermic reaction	흡열반응
キュプラ	cupra	큐프라(재생섬유)
強塩基	strong base	강염기
凝固	solidification	응고(고체화)
凝固点	freezing/solidifying point	어는점
凝固点降下	depression of freezing point	어는점 내림(강하)
凝固点降下度	degree of freezing point depression	어는점 내림도(강하도)
凝固熱	heat of solidification	응고열
強酸	strong acid	강산
共重合	copolymerization	공중합
凝縮	condensation	응축(축합)
凝縮熱	heat of condensation	응축열
凝析（凝結）	coagulation	응결(엉김)
鏡像異性体	enantiomer	거울상이성질체
共通イオン効果	common-ion effect	공통이온효과
強電解質	strong electrolyte	강전해질
共有結合	covalent bond	공유결합
共有結合の結晶	covalent crystal	공유결합결정
共有電子対	shared electron pair	공유전자쌍
極性	polarity	극성
極性分子	polar molecule	극성분자
巨大分子	macromolecule	거대분자
均一系触媒	homogeneous catalyst	균일(계) 촉매

日本語	English	한국어
銀鏡反応	silver mirror reaction	은거울반응
金属結合	metallic bond	금속결합
金属元素	metallic element	금속원소
く クメン法	Cumene process	쿠멘법
クロマトグラフィー	chromatography	크로마토그래피
け 系統分析	phyloanalysis	계통분석
結合エネルギー	bond energy	결합에너지
結晶	crystal	결정
結晶格子	crystal lattice	결정격자
ケトン	ketone	케톤
ゲル	gel	젤
けん化	saponification	비누화
原子	atom	원자
原子価	valence	원자가
原子核	nucleus	원자핵
原子番号	atomic number	원자번호
原子量	atomic weight	원자량
元素	element	원소
元素記号	symbol of element	원소기호
元素分析	elemental analysis	원소분석
こ 鋼	steel	강
光化学反応	photochemical reaction	광화학반응
光学異性体	optical isomer	광학이성질체
硬化油	hardened oil	경화유
高級脂肪酸	higher fatty acid	고급지방산
合金	alloy	합금
光合成	photosynthesis	광합성
格子エネルギー	lattice energy	격자 에너지
高次構造	higher-order structure	고차구조
硬水	hard water	경수
合成高分子化合物	synthetic high molecular compound	합성고분자화합물
合成樹脂	synthetic resin	합성수지
合成洗剤	synthetic detergent	합성세제
合成染料	synthetic dye	합성염료
抗生物質	antibiotics	항생물질(항제제)
酵素	enzyme	효소
構造異性体	structural isomer	구조이성질체
構造式	structural formula	구조식
酵素-基質複合体	enzyme-substrate complex	효소-기질복합체
酵素阻害剤	enzyme inhibitor	효소 저해제(억제제)
黄銅	brass	놋쇠(황동)
高分子化合物	macromolecular compound	고분자화합물
コークス	coke	코크스
黒鉛（グラファイト）	graphite	흑연
固体	solid	고체
コロイド	colloid	콜로이드
コロイド溶液	colloidal solution	콜로이드 용액
コロイド粒子	colloidal particle	콜로이드 입자
混合物	mixture	혼합물
混成軌道	hybrid orbital	혼성 오비탈(궤도)

日本語	English	한국어
さ 再結晶	recrystallization	재결정
再生繊維	regenerated fiber	재생섬유
最適pH	optimum pH	최적pH
最適温度	optimum temperature	최적온도
錯イオン	complex ion	착이온
酢酸エチル	ethyl acetate	아세트산에틸(에틸아세테이트)
鎖式化合物	chain compound	쇄상화합물(사슬화합물)
さらし粉	bleaching powder	표백분
酸	acid	산
酸化	oxidation	산화
酸化還元滴定	oxidation–reduction titration	산화 환원 적정
酸化還元反応	oxidation–reduction reaction	산화 환원 반응
酸化剤	oxidizing agent	산화제
酸化数	oxidation number	산화수
酸化物	oxide	산화물
三重結合	triple bond	삼중결합
三重点	triple point	삼중점
酸性アミノ酸	acidic amino acid	산성 아미노산
酸性塩	acid salt	산성염
三態	three states of matter	물질의 세 가지 상태
酸無水物	acid anhydride	산무수물
し ジアゾ化	diazotization	다이아조화
ジアゾカップリング	diazo coupling	디아조 짝지음(커플링)
脂環式化合物	alicyclic compound	지방족 고리화합물
色素	coloring matter	색소
式量	formula weight	화학식량
シクロアルカン	cycloalkane	사이클로알케인
シクロアルケン	cycloalkene	사이클로알켄
試験紙	test paper	시험지
脂質	lipid	지질
指示薬	indicator	지시약
失活	deactivation	불활성화
実在気体	real gas	실제기체
質量作用の法則	law of mass action	질량작용의 법칙
質量数	mass number	질량수
ジペプチド	dipeptide	다이펩타이드
脂肪	fat	지방
脂肪酸	fatty acid	지방산
脂肪族化合物	aliphatic compound	지방족 화합물
脂肪油	fatty oil	지방유
弱塩基	weak base	약염기
弱酸	weak acid	약산
弱電解質	weak electrolyte	약전해질
シャルルの法則	Charles' law	샤를의 법칙
臭化物	bromide	브로민화물
周期表	periodic table	주기율표
周期律	periodic law	주기율
重合	polymerization	중합
重合体	polymer	중합체(고분자)
重合度	degree of polymerization	중합도

日本語	English	한국어
充電	charge	충전
自由電子	free electron	자유전자
縮合	condensation	축합
縮合重合	condensation polymerization	축합중합
ジュラルミン	duralumin	두랄루민
純物質	pure substance	순물질
昇華	sublimation	승화
昇華熱	heat of sublimation	승화열
蒸気圧	vapor pressure	증기압(증기압력)
蒸気圧曲線	vapor pressure curve	증기압 곡선
蒸気圧降下	depression of vapor pressure	증기압 강하
消石灰	slaked lime	소석회(수산화칼슘)
状態図	phase diagram	상태도
蒸発熱	heat of vaporization	증발열
蒸留	distillation	증류
触媒	catalyst	촉매
シリカ	silica	실리카
シリカゲル	silica gel	실리카젤
シリコーン樹脂	silicone resin	실리콘 수지
親水基	hydrophilic group	친수기
親水コロイド	hydrophilic colloid	친수 콜로이드
浸透	osmosis	삼투
浸透圧	osmotic pressure	삼투압
す 水素結合	hydrogen bond	수소결합
水溶液	aqueous solution	수용액
水和	hydration	수화
水和イオン	hydrated ion	수화 이온
水和水	hydration water	수화수(수화 참여 물)
水和物	hydrate	수화물
ステンレス鋼	stainless steel	스테인레스강
スルホ基	sulfo group	설포기
スルホン化	sulfonation	설폰화
スルホン酸	sulfonic acid	설폰산
せ 正塩	normal salt	정염
正極	positive electrode	양극
生成熱	heat of formation	생성열
生成物	product	생성물
静電気力	electrostatic force	정전기력
青銅	bronze	청동
正反応	forward reaction	정반응
生分解性高分子	biodegradable polymer	생분해성 고분자
絶縁体	insulator	절연체
石灰水	lime water	석회수
セッケン	soap	비누
セッコウ	gypsum	석고
接触式硫酸製造法	contact process	접촉식 황산제조법
絶対温度	absolute temperature	절대온도
セラミックス	ceramics	세라믹
セロハン	cellophane	셀로판
全圧	total pressure	전압력

日本語	English	한국어
遷移元素	transition element	전이원소
繊維状タンパク質	fibrous protein	섬유상 단백질
銑鉄	pig iron	선철
染料	dye	염료
そ 双性イオン	zwitterion	쯔비터(쌍성) 이온
ソーダ石灰	soda lime	소다 석회
側鎖	side chain	곁사슬, 곁가지 (측쇄)
速度定数	rate constant	속도 상수
疎水基	hydrophobic group	소수기
疎水コロイド	hydrophobic colloid	소수 콜로이드
粗銅	crude copper	조동(소동)
素反応	elementary reaction	단일 단계 반응(기본 반응)
ゾル	sol	졸(솔)
ソルベー法	Solvay process	솔베이법(암모니아 소다법)
た 第一級アルコール	primary alcohol	일차 알코올
大気圧	atmospheric pressure	대기압
第三級アルコール	tertiary alcohol	삼차 알코올
体心立方格子	body-centered cubic lattice	체심입방격자
第二級アルコール	secondary alcohol	이차 알코올
ダイヤモンド	diamond	다이아몬드
多段階反応	multistep reaction	다단계 반응
脱イオン水	deionized water	탈이온수
脱水反応	dehydration	탈수반응
多糖	polysaccharide	다당
ダニエル電池	Daniell cell	다니엘 전지
単位格子	unit cell	단위격자
炭化水素	hydrocarbon	탄화수소
炭化水素基	hydrocarbon group	탄화수소기
単結合	single bond	단일결합
単純脂質	simple lipid	단순지질
単純タンパク質	simple protein	단순단백질
炭水化物	carbohydrate	탄수화물
炭素繊維	carbon fiber	탄소섬유
単体	simple substance	홑원소 물질
単糖	monosaccharide	단당
タンパク質の変性	denaturation of protein	단백질의 변성
単量体	monomer	단위체(단량체)
ち 置換反応	substitution reaction	치환반응
蓄電池	storage battery	축전지
抽出	extraction	추출
中性子	neutron	중성자
中和	neutralization	중화
中和滴定	neutralization titration	중화적정
中和熱	heat of neutralization	중화열
潮解	deliquescence	흡습용해(조해)
超伝導	superconductivity	초전도
チンダル現象	Tyndall phenomenon	틴들현상
て デオキシリボ核酸, DNA	deoxyribonucleic acid	데옥시리보핵산, DNA
デカン	decane	데케인
デキストリン	dextrin	덱스트린

日本語	English	한국어
滴定曲線	titration curve	적정곡선
テルミット	thermite	테르밋
転化	inversion	반전, 뒤집힘
電荷	charge	전하
電解質	electrolyte	전해질
電解精錬	electrolytic refining	전해정련
転化糖	invert sugar	전화당, 반전당
電気陰性度	electronegativity	전기음성도
電気泳動	electrophoresis	전기이동
電気分解	electrolysis	전기분해
電極	electrode	전극
典型元素	typical element	전형 원소
電子	electron	전자
電子殻	electron shell	전자껍질
電子軌道	electronic orbital	전자 오비탈(궤도)
電子式	electronic formula	전자식
電子親和力	electron affinity	전자 친화도(친화력)
電子配置	electron configuration	전자배치
転写	transcription	전사
展性	malleability	전성, 펴짐성
電池	cell	전지
天然高分子化合物	natural high molecular compound	천연고분자화합물
天然樹脂	natural resin	천연수지
天然繊維	natural fiber	천연섬유
天然染料	natural dye	천연염료
電離	electrolytic dissociation	전리
電離定数	electrolytic dissociation constant	전리상수
電離度	degree of electrolytic dissociation	전리도
電離平衡	ionization equilibrium	이온화평형(전리평형)
と 銅アンモニアレーヨン	cupro-ammonium rayon	구리 암모니아 레이온
同位体	isotope	동위원소
同化	anabolism	합성대사(동화)
透析	dialysis	투석
同族元素	homologous element	동족원소
同族体	homolog	동족체
同素体	allotrope	동소체
導体	conductor	도체, 전도체
導電性高分子	conducting polymer	전도성 고분자
等電点	isoelectric point	등전점
糖類	saccharides	당류
ドデカン	dodecane	도데칸
ドライアイス	dry ice	드라이아이스
トリペプチド	tripeptide	트라이펩타이드
な ナイロン	nylon	나일론
生ゴム（天然ゴム）	raw rubber (natural rubber)	천연 고무
鉛蓄電池	lead storage battery	납 축전지
軟化点	softening point	연화점
に 二次電池	secondary battery	이차전지
二重結合	double bond	이중결합
二重らせん構造	double-helical structure	이중나선구조

	日本語	English	한국어
	二糖	disaccharide	이당
	ニトロ化	nitration	나이트로화
	ニトロ化合物	nitro compound	나이트로화합물
	ニトロ基	nitro group	나이트로기
	ニトロセルロース	nitrocellulose	나이트로셀룰로스
	乳化作用	emulsification	유화작용
	尿素樹脂	urea resin	요소수지
	ニンヒドリン反応	ninhydrin reaction	난하이드린반응
ぬ	ヌクレオチド	nucleotide	뉴클레오타이드
ね	熱運動	thermal motion	열운동
	熱化学方程式	thermochemical equation	열화학방정식
	熱可塑性樹脂	Thermoplastic resin	열가소성 수지
	熱硬化性樹脂	Thermosetting resin	열경화성 수지
	燃焼熱	heat of combustion	연소열
	燃料電池	fuel cell	연료전지
の	濃度	concentration	농도
	ノナン	nonane	노네인
	ノボラック	novolac	노볼락
は	ハーバー・ボッシュ法（ハーバー法）	Haber-Bosch process (Harber process)	하버–보슈법(하버법)
	配位結合	coordinate bond	배위결합
	配位子	ligand	리간드(배위자)
	発光ダイオード（LED）	Light Emitting Diode	발광 다이오드(LED)
	発熱反応	exothermic reaction	발열반응
	ハロゲン化	halogenation	할로젠화
	ハロゲン元素，ハロゲン	halogen	할로젠 원소, 할로젠
	半合成繊維	semisynthetic fiber	반합성섬유
	半導体	semiconductor	반도체
	半透膜	semipermeable membrane	반투막
	反応式	chemical equation	반응식
	反応速度	reaction rate	반응속도
	反応速度式	rate equation	반응속도식
	反応特異性	reaction specificity	반응특이성
	反応熱	heat of reaction	반응열
	反応物	reactant	반응물
ひ	ビウレット反応	biuret test	뷰렛반응
	光触媒	photocatalyst	광촉매
	非共有電子対	unshared electron pair	비공유 전자쌍
	非金属元素	nonmetallic element	비금속원소
	ビスコース	viscose	비스코스
	ビスコースレーヨン	viscose rayon	비스코스레이온
	ビタミン	vitamin	비타민
	必須アミノ酸	essential amino acid	필수 아미노산
	非電離質	nonelectrolyte	비전해질
	ヒドロキシ基	hydroxy group	히드록시기
	ヒドロキシ酸	hydroxy acid	히드록시산
	ビニル基	vinyl group	비닐기
	ビニロン	vinylon	비닐론
	標準状態	standard state	표준상태
	標準電極電位	standard electrode potential	표준전극전위
ふ	ファインセラミックス	fine ceramics	파인 세라믹스

日本語	English	한국어
ファラデー定数	Faraday constant	패러데이 상수
ファラデーの法則	Faraday's law	페러데이의 법칙
ファンデルワールス力	van der Waals force	반데르발스 힘
ファントホッフの法則	van't Hoff's law	반드호프의 법칙
風解	efflorescence	풍해
フェーリング液	Fehling's solution	펠링용액
フェノール樹脂	phenol resin	페놀 수지
フェノール類	phenols	페놀류
不可逆反応	irreversible reaction	비가역반응
付加重合	addition polymerization	첨가중합
不活性ガス	inert gas	비활성기체
付加反応	addition reaction	첨가반응
負極	negative electrode	음극
不均一系触媒	heterogeneous catalyst	불균일계 촉매
複塩	double salt	복염
複合脂質	conjugated lipid	복합지질
複合タンパク質	conjugated protein	복합단백질
複製	replication	복제
不斉炭素原子	asymmetric carbon atom	비대칭탄소원자
ブタン	butane	뷰테인(부탄)
不対電子	unpaired electron	홀전자
フッ化水素酸	hydrofluoric acid	플루오린화수소산
物質量	amount of substance	물질량
沸点	boiling point	끓는점
沸点上昇	elevation of boiling point	끓는점 오름(상승)
沸点上昇度	degree of boiling point elevation	끓는점 오름(상승)도
沸騰	boiling	끓음
物理変化	physical change	물리변화
不動態	passivity	부동상태
不飽和化合物	unsaturated compound	불포화화합물
フラーレン	fullerene	풀러렌
ブラウン運動	Brownian movement	브라운 운동
プラスチック	plastics	플라스틱
プロパン	propane	프로페인(프로판)
分圧	partial pressure	분압
分圧の法則	law of partial pressure	분압법칙
分極	polarization	분극, 편극
分散系	disperse system	분산계
分散質	dispersoid	분산질
分散媒	dispersion medium	분산매
分子	molecule	분자
分子間力	intermolecular force	분자간 힘
分子結晶	molecular crystal	분자결정
分子コロイド	molecular colloid	분자 콜로이드
分子式	molecular formula	분자식
分子量	molecular weight	분자량
分留	fractional distillation	분별증류
閉殻	closed shell	닫힌 껍질
平均分子量	mean molecular weight	평균분자량
平衡状態	equilibrium state	평형상태

日本語	English	한국어
平衡定数	equilibrium constant	평형상수
平衡の移動	displacement of equilibrium	평형이동
ヘキサン	hexane	헥세인(헥산)
ヘスの法則（総熱量保存の法則）	Hess's law	헤스의 법칙(총열량보존법칙)
ヘプタン	heptane	헵테인(헵탄)
ペプチド結合	peptide bond	펩타이드 결합
ベンゼン環	benzene ring	벤젠 고리
ペンタン	pentane	펜테인(펜탄)
ヘンリーの法則	Henry's law	헨리의 법칙
ほ ボイル・シャルルの法則	Boyle-Charles' law	보일–샤를의 법칙
ボイルの法則	Boyle's law	보일의 법칙
補因子	cofactor	보조인자
芳香族アミン	aromatic amine	방향족 아민
芳香族化合物	aromatic compound	방향족 화합물
芳香族カルボン酸	aromatic carboxylic acid	방향족 카복실산
放電	discharge	방전
飽和	saturation	포화
飽和化合物	saturated compound	포화화합물
飽和蒸気圧	saturated vapor pressure	포화증기압
飽和溶液	saturated solution	포화용액
ボーキサイト	bauxite	보크사이트
ホール・エルー法	Hall-Heroult process	홀–엘법(알루미늄 전기분해제련법)
補酵素	coenzyme	보조효소
保護コロイド	protective colloid	보호 콜로이드
ポリアミド	polyamide	폴리아마이드
ポリイミド	polyimide	폴리이미드
ポリエステル	polyester	폴리에스터
ポリヌクレオチド	polynucleotide	폴리뉴클레오타이드
ポリビニルアルコール	polyvinyl alcohol	폴리비닐알코올
ポリペプチド	polypeptide	폴리펩타이드
ポリマー	polymer	폴리머(고분자)
翻訳	translation	번역
み 水ガラス	water glass	물유리
水のイオン積	ionic product of water	물의 이온 곱
ミセル	micelle	마이셀
ミセルコロイド	micelle colloid	마이셀 콜로이드
ミョウバン	alum	백반
む 無機質	minerals	무기질
無機物質	inorganic substance	무기물질
無極性分子	nonpolar molecules	무극성분자
無水物	anhydride	무수물
め メタン	methane	메테인(메탄)
めっき	galvanizing	갈버나이징(아연도금)
メラミン樹脂	melamine resin	멜라민 수지
面心立方格子	face-centered cubic lattice	면심입방격자
も モノマー	monomer	모노머(단량체)
モル凝固点降下	molar depression of freezing point	몰 어는점 내림(강하)
モル濃度	molar concentration	몰농도
モル沸点上昇	molar elevation of boiling point	몰 끓는점 오름(상승)
モル分率	mole fraction	몰분율

	日本語	English	한국어
ゆ	融解	fusion	용융(융해)
	融解塩電解	fused salt electrolysis	용융염(융해염) 전해
	融解熱	heat of fusion	용융열, 융해열
	有機化合物	organic compound	유기화합물
	融点	melting point	녹는점
	油脂	fats and oils	유지(지방과 기름)
よ	陽イオン	cation	양이온
	陽イオン交換樹脂	cation-exchange resin	양이온 교환수지
	溶液	solution	용액
	溶解	dissolution	용해
	溶解度	solubility	용해도
	溶解度曲線	solubility curve	용해도 곡선
	溶解度積	solubility product	용해도 곱
	溶解熱	heat of dissolution	용해열
	溶解平衡	solution equilibrium	용해평형
	陽極	anode	애노드(양극)
	陽極泥	anode slime	양극 슬라임
	陽子	proton	양자
	溶質	solute	용질
	ヨウ素デンプン反応	iodo-starch reaction	아이오딘-녹말 반응
	溶媒	solvent	용매
	ヨードホルム反応	iodoform reaction	아이오도폼 반응
ら	ラウールの法則	Raoult's law	라울의 법칙
	ラジカル	radical	라디칼
り	リサイクル	recycle	재순환
	理想気体	ideal gas	이상기체
	律速段階	rate-determining step	속도결정단계
	リトマス紙	litmus paper	리트머스지
	リボ核酸	ribonucleic acid	리보핵산
	硫化物	sulfide	황화물
	両性元素	amphoteric element	양쪽성 원소
	両性電解質	ampholyte	양쪽성전해질
	臨界点	critical point	임계점
る	ルシャトリエの原理	Le Chatelier's principle	르 샤틀리에의 원리
	ルミノール反応	luminol reaction	루미놀 반응
	励起状態	excited state	들뜬상태
れ	レゾール	resol	레졸 (페놀 포름알데히드 수지)
	連鎖反応	chain reaction	연쇄반응
ろ	ろ過	filtration	여과
	六方最密充填	hexagonal closest packing	육방최조밀 쌓임

化学公式集

1 粒子の数と物質量

$$\text{物質量〔mol〕} = \frac{\text{物質を構成する単位粒子の数}}{6.02 \times 10^{23} \text{/mol}}$$

2 物質量と物質の質量

$$\text{物質量〔mol〕} = \frac{\text{物質の質量〔g〕}}{\text{モル質量〔g/mol〕}}$$

3 物質量と気体の体積（標準状態）

$$\text{物質量〔mol〕} = \frac{\text{気体の体積〔L〕}}{22.4 \text{ L/mol}}$$

4 質量パーセント濃度(1)

$$\text{質量パーセント濃度〔\%〕} = \frac{\text{溶質の質量〔g〕}}{\text{溶液の質量〔g〕}} \times 100\%$$

$$= \frac{\text{溶質の質量〔g〕}}{\text{溶質の質量〔g〕} + \text{溶媒の質量〔g〕}} \times 100\%$$

5 モル濃度

$$\text{モル濃度〔mol/L〕} = \frac{\text{溶質の物質量〔mol〕}}{\text{溶液の体積〔L〕}}$$

6 質量モル濃度

$$\text{質量モル濃度〔mol/kg〕} = \frac{\text{溶質の物質量〔mol〕}}{\text{溶媒の質量〔kg〕}}$$

7 ボイルの法則(1)

$$V = \frac{k}{p} \quad (k = nRT)$$

8 ボイルの法則(2)

$$pV = k \quad (k = nRT)$$

9 シャルルの法則(1)

$$V = k'T \quad \left(k' = \frac{nR}{p}\right)$$

10 シャルルの法則(2)

$$\frac{V}{T} = k' \quad \left(k' = \frac{nR}{p}\right)$$

11 ボイル・シャルルの法則(1)

$$V = k''\frac{T}{p} \quad (k'' = nR)$$

12 ボイル・シャルルの法則 (2)
$$pV = k''T \quad (k'' = nR)$$

13 気体の状態方程式 (1)
$$pV = nRT$$

14 気体の状態方程式 (2)
$$pV = \frac{m}{M}RT$$

15 気体の分子量
$$M = \frac{mRT}{pV} = \rho \cdot \frac{RT}{p}$$

16 ドルトンの分圧の法則
$$p = p_A' + p_B' + \cdots\cdots$$

17 混合気体中の成分気体の分圧
$$p_A' = p\frac{n_A}{n_A + n_B + \cdots\cdots}, \quad p_B' = p\frac{n_B}{n_A + n_B + \cdots\cdots}, \quad \cdots\cdots$$

18 固体の溶解度
$$\frac{溶質の質量}{飽和溶液の質量} = \frac{溶解度}{100 + 溶解度}$$

19 希薄溶液の沸点上昇度
$$\Delta t = K_b m$$

20 希薄溶液の凝固点降下度
$$\Delta t' = K_f m$$

21 希薄溶液の浸透圧 (1)
$$\Pi V = nRT$$

22 希薄溶液の浸透圧 (2)
$$\Pi = cRT$$

23 化学平衡の法則（質量作用の法則） $aA + bB \rightleftharpoons pP + qQ$
$$\frac{[P]^p[Q]^q}{[A]^a[B]^b} = K_c$$

24 圧平衡定数 $aA(気) + bB(気) \rightleftharpoons pP(気) + qQ(気)$
$$\frac{p_P{}^p p_Q{}^q}{p_A{}^a p_B{}^b} = K_p$$

25 平衡定数と圧平衡定数の関係

$$K_p = K_c(RT)^{(p+q+\cdots)-(a+b+\cdots)}$$

26 水のイオン積

$$[\mathrm{H^+}][\mathrm{OH^-}] = K_w = 1.0 \times 10^{-14} \mathrm{mol^2/L^2} \quad (25℃)$$

27 電離度

$$電離度\ \alpha = \frac{電離している電解質の物質量}{溶けている電解質全体の物質量}$$

28 一価の弱酸・塩基の電離定数

$$K_a = \frac{c\alpha^2}{1-\alpha} \fallingdotseq c\alpha^2$$

29 一価の弱酸・塩基の電離度

$$\alpha = \sqrt{\frac{K_a}{c}}$$

30 一価の弱酸の水素イオン濃度

$$[\mathrm{H^+}] = \sqrt{cK_a}$$

31 一価の弱塩基の電離定数

$$K_b = \frac{c\alpha^2}{1-\alpha} \fallingdotseq c\alpha^2$$

32 一価の弱塩基の電離度

$$\alpha = \sqrt{\frac{K_b}{c}}$$

33 一価の弱塩基の水酸化物イオン濃度

$$[\mathrm{OH^-}] = \sqrt{cK_b}$$

34 一価の弱塩基の水素イオン濃度

$$[\mathrm{H^+}] = \frac{K_w}{\sqrt{cK_a}}$$

35 pH

$$\mathrm{pH} = -\log[\mathrm{H^+}] = \log K_w - \log[\mathrm{OH^-}] = 14 - \log[\mathrm{OH^-}] \quad (25℃)$$

36 中和滴定の量的関係 (1)

$$ac \times \frac{V}{1000} = bc' \times \frac{V'}{1000} \longrightarrow ac \times V = bc' \times V'$$

電気分解の法則
$$It = Q = n_e \cdot F \ (F = 9.65 \times 10^4 \,\mathrm{C/mol})$$

沈殿と色

S^{2-} ：酸性・中性・塩基性 ：$CuS\downarrow$ 黒，$Ag_2S\downarrow$ 黒，$PbS\downarrow$ 黒，$CdS\downarrow$ 黄，
　　　　　　　　　　　　　　　$HgS\downarrow$ 黒（加熱→赤）

　　　　中性・塩基性 ：$MnS\downarrow$ 淡赤，$ZnS\downarrow$ 白，$FeS\downarrow$ 黒

Cl^- ：$AgCl\downarrow$ 白，$PdCl_2\downarrow$ 白（加熱→溶液）

SO_4^{2-} ：$BaSO_4\downarrow$ 白，$CaSO_4\downarrow$ 白，$Ag_2SO_4\downarrow$ 白

CO_3^{2-} ：炭酸塩のうち，アルカリ金属とアンモニアとの炭酸塩のみ可溶

CrO_4^{2-} ：$Ag_2CrO_4\downarrow$ 暗赤，$PbCrO_4\downarrow$ 黄，$BaCrO_4\downarrow$ 黄

OH^- ：強塩基に可溶，弱塩基に沈殿を生じる
　　　両性金属の水酸化物に過剰の水酸化ナトリウム水溶液を加えると溶解する
　　　$2Ag^+ + 2OH^- \longrightarrow Ag_2O\downarrow + H_2O$
　　　　　　　　　　　　　　（褐色）

NH_3 ：Ag^+，Cu^{2+}，Zn^{2+} に過剰に加えると溶解する

　　　Ag^+（少量加える）$\longrightarrow Ag_2O\downarrow$（過剰に加える）$\longrightarrow [Ag(NH_3)_2]^+$
　　　無色　　　　　　　　　　褐色沈殿　　　　　　　　　　　　無色

　　　Cu^{2+}（少量加える）$\longrightarrow Cu(OH)_2\downarrow$（過剰に加える）$\longrightarrow [Cu(NH_3)_4]^+$
　　　青　　　　　　　　　　　青白色沈殿　　　　　　　　　　　濃青色

　　　Zn^{2+}（少量加える）$\longrightarrow Zn(OH)_2$（過剰に加える）$\longrightarrow [Zn(NH_3)_4]^+$
　　　無色　　　　　　　　　　白色沈殿　　　　　　　　　　　　無色

Fe^{2+} $\begin{cases} +OH^- \longrightarrow \text{緑白色沈殿} \\ +[Fe(CN_6)]^{3-} \longrightarrow \text{濃青色沈殿（ターンブル青）} \\ +[Fe(CN_6)]^{4-} \longrightarrow \text{青白色沈殿} \end{cases}$

Fe^{3+} $\begin{cases} +OH^- \longrightarrow \text{赤褐色沈殿} \\ +[Fe(CN_6)]^{3-} \longrightarrow \text{褐色溶液} \\ +[Fe(CN_6)]^{4-} \longrightarrow \text{濃青色沈殿（ベルリン青，紺青）} \\ +KSCN \longrightarrow \text{血赤色溶液} \end{cases}$

芳香族化合物反応系統図

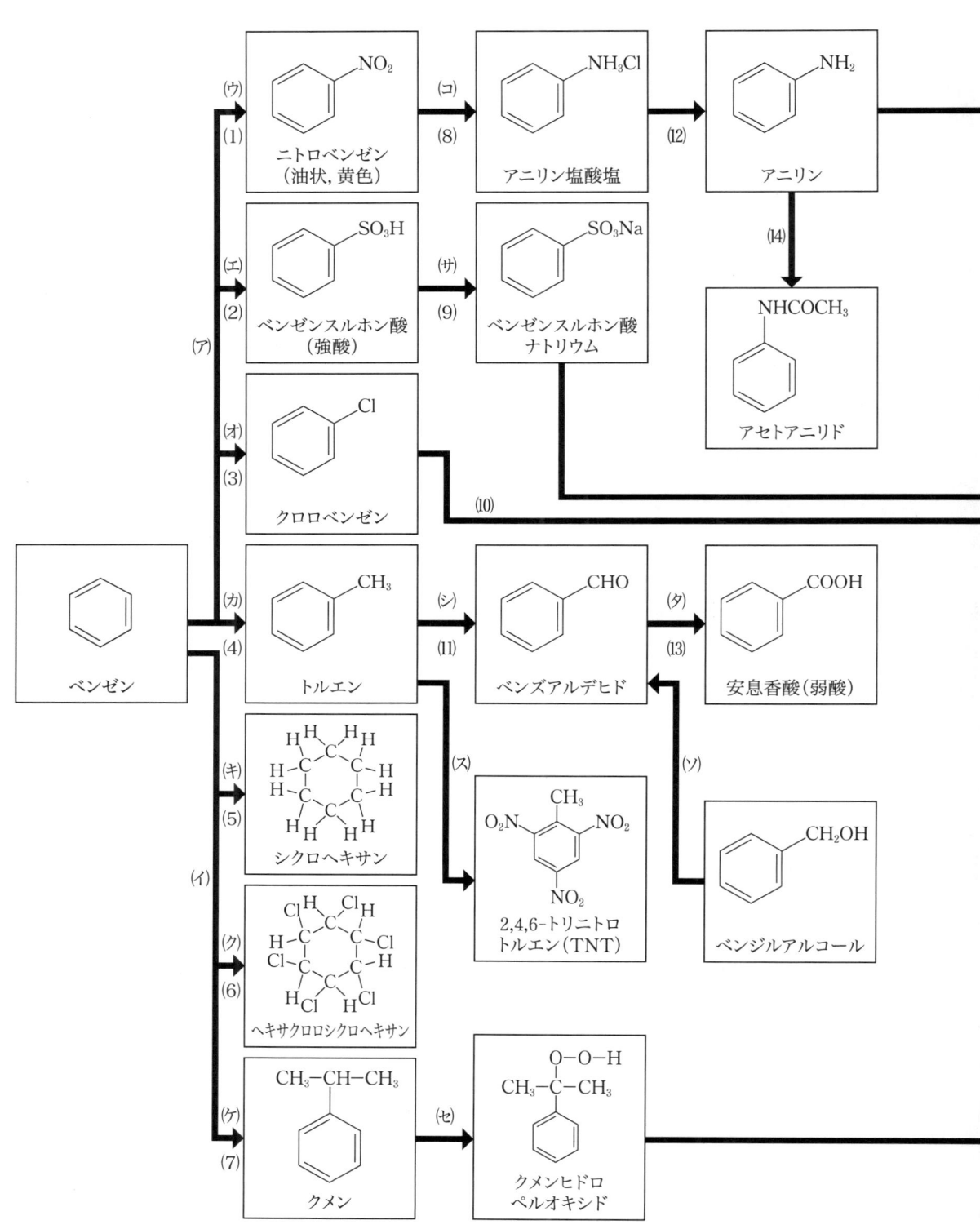

問 (ア)～(ノ)の反応名，および，(1)～(24)の化学物質名（や反応条件）を答えよ。

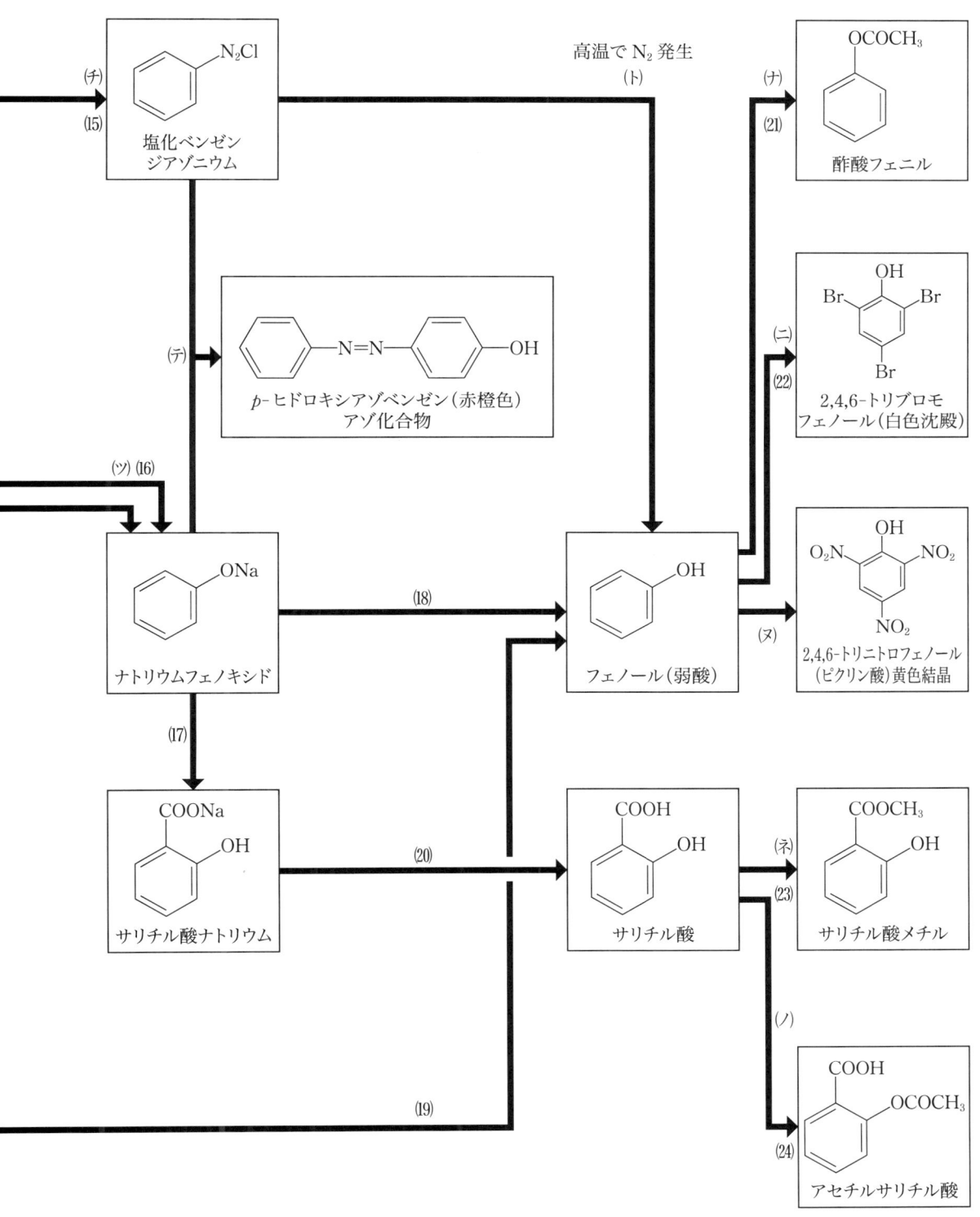

脂肪族化合物反応系統図

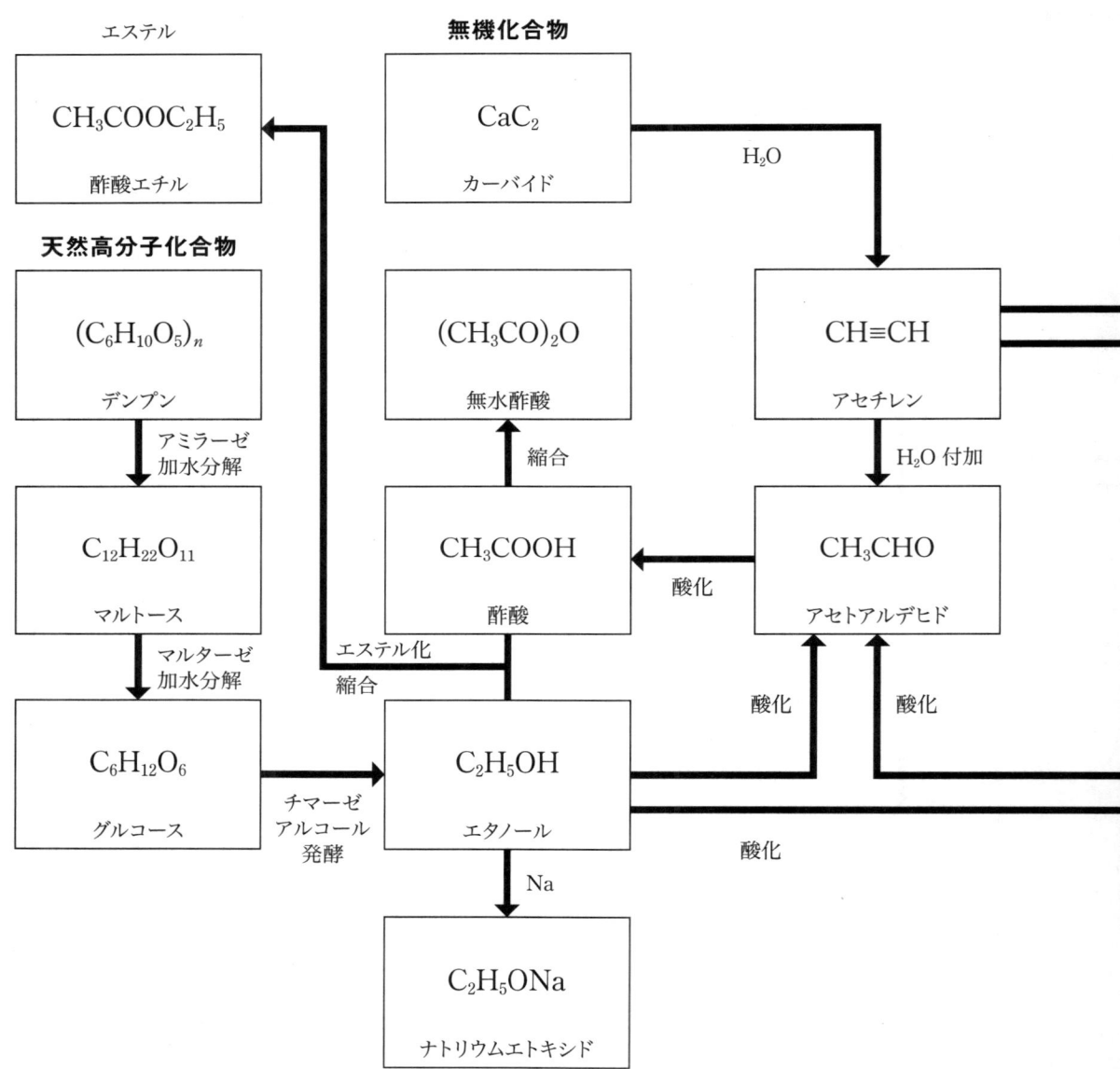

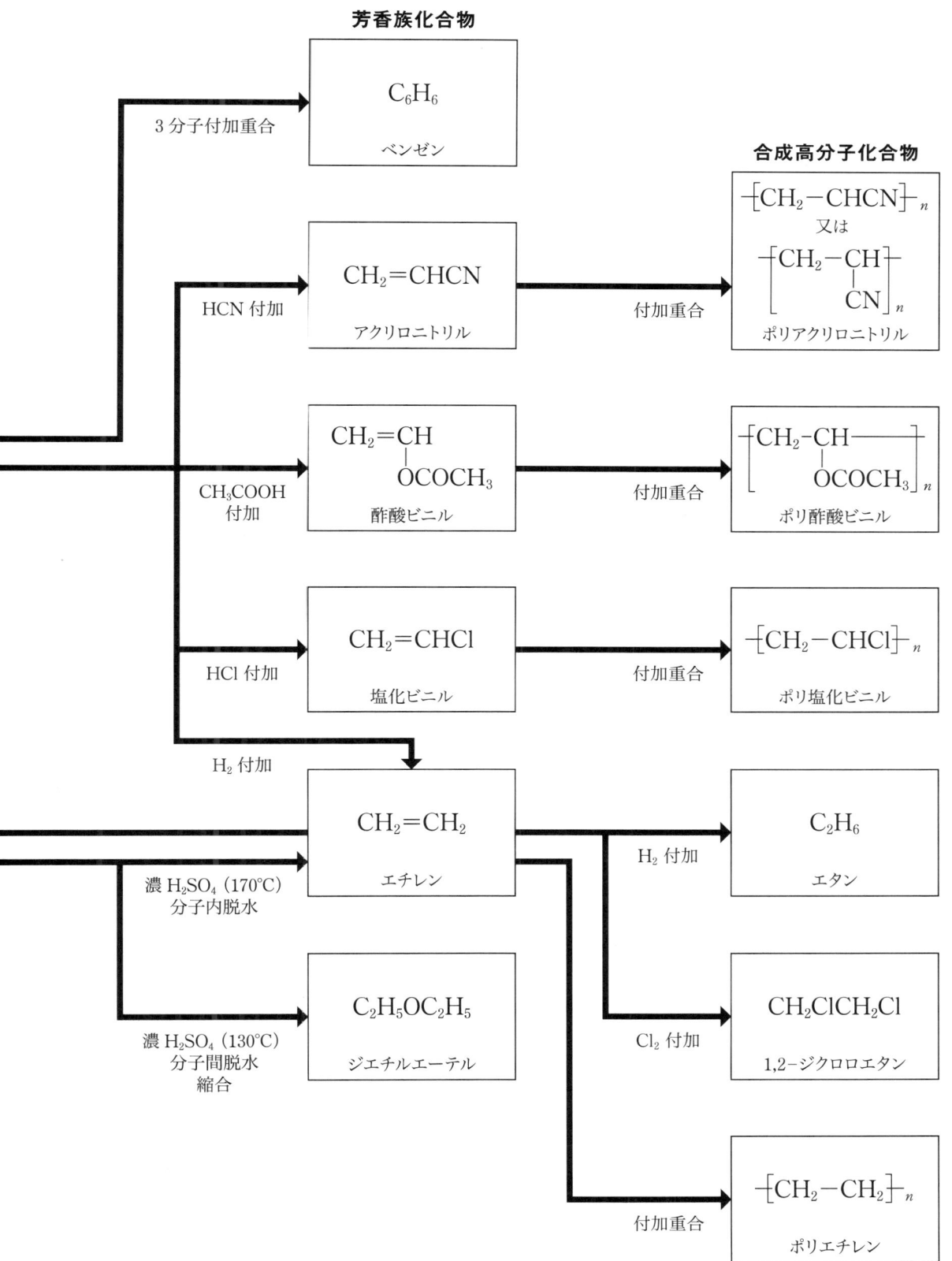

芳香族化合物反応系統図　解答

【反応名】

(ア)	置換反応	(サ)	中和	(ケ)	アセチル化
(イ)	付加反応	(シ)	酸化	(ニ)	臭素化
(ウ)	ニトロ化	(ス)	ニトロ化	(ヌ)	ニトロ化
(エ)	スルホン化	(セ)	酸化	(ネ)	エステル化
(オ)	塩素化	(ソ)	酸化	(ノ)	アセチル化
(カ)	メチル化	(タ)	酸化		
(キ)	付加反応	(チ)	ジアゾ化		
(ク)	付加反応	(ツ)	アルカリ融解		
(ケ)	付加反応	(テ)	(ジアゾ)カップリング		
(コ)	還元（6H）	(ト)	加水分解		

【化学物質名】

(1)	混酸（濃 H_2SO_4，濃 HNO_3）	(13)	$KMnO_4$ aq
(2)	濃 H_2SO_4	(14)	無水酢酸 $(CH_3CO)_2O$
(3)	Cl_2（Fe 触媒）	(15)	$NaNO_2$，HCl，冷却
(4)	CH_3Cl	(16)	NaOH（固）
(5)	H_2（Ni 触媒）	(17)	CO_2，高温・高圧
(6)	Cl_2，光	(18)	CO_2
(7)	プロペン $CH_3CH=CH_2$	(19)	希 H_2SO_4
(8)	Sn，濃 HCl	(20)	希 H_2SO_4
(9)	NaOHaq	(21)	無水酢酸 $(CH_3CO)_2O$
(10)	NaOHaq	(22)	Br_2 水
(11)	$KMnO_4$ aq	(23)	メタノール CH_3OH
(12)	NaOHaq	(24)	無水酢酸 $(CH_3CO)_2O$

理科 解答用紙

自己分析シート

それぞれの模擬試験の正解数を,「正解・解答記入表」(p.164〜173)に記載された「分野」にしたがって記入しましょう。

回	正解数				ランク
	理論	無機	有機	合計	
第1回	/10	/5	/5	/20	
第2回	/10	/5	/5	/20	
第3回	/10	/5	/5	/20	
第4回	/10	/5	/5	/20	
第5回	/10	/5	/5	/20	
第6回	/10	/5	/5	/20	
第7回	/10	/5	/5	/20	
第8回	/10	/5	/5	/20	
第9回	/10	/3	/7	/20	
第10回	/10	/5	/5	/20	

ランクの付け方

Sランク
正解数が
20問

Aランク
正解数が
17問以上

Bランク…正解数が **15問以上**
Cランク…正解数が **12問以上**
Dランク…正解数が **11問以下**

学習達成表

「自己分析シート」(p.200)に記入した合計正解数を下の表に転記し、学習の達成度、成長度をグラフで把握しましょう。

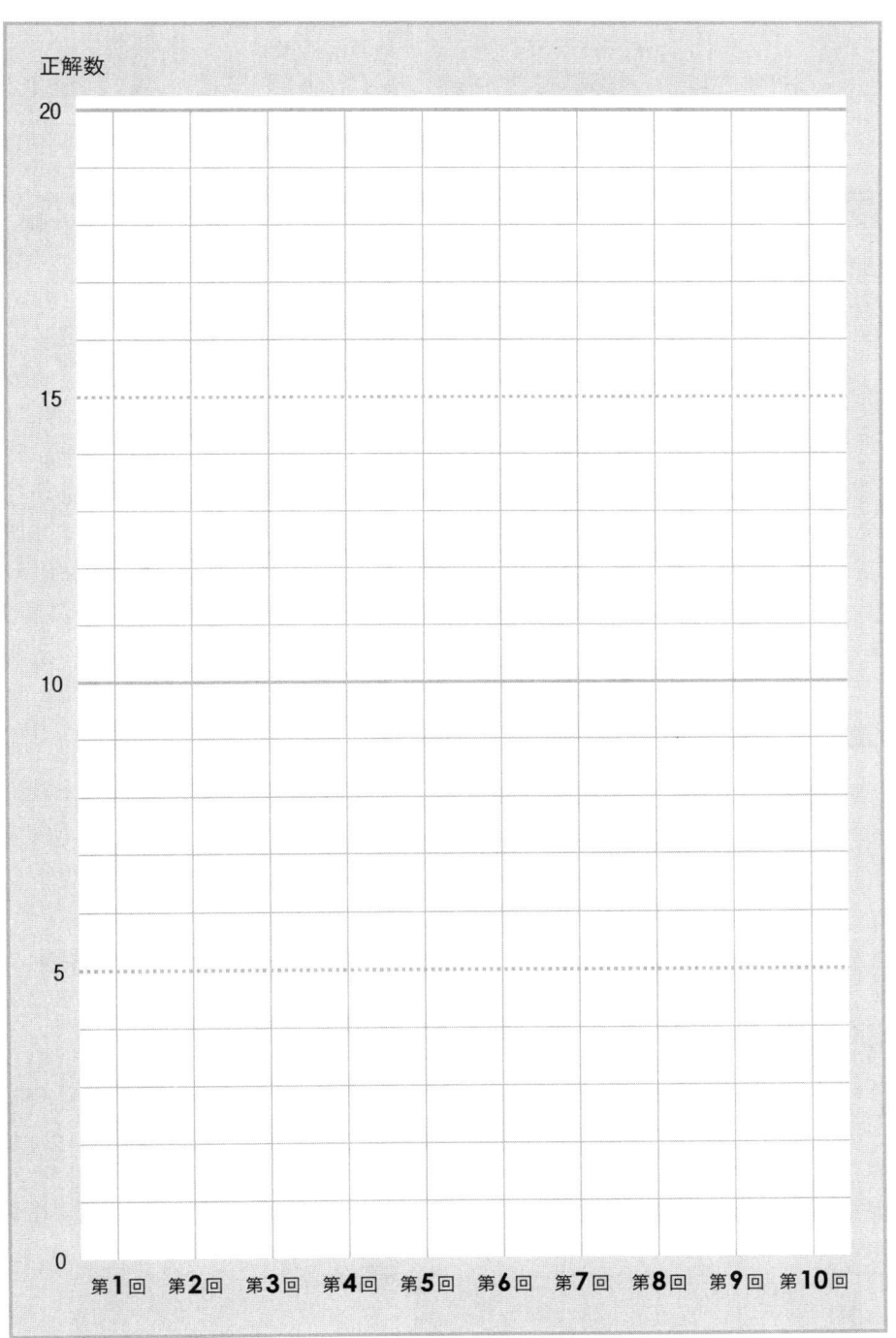

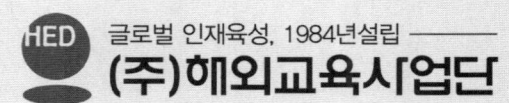

글로벌 인재육성, 1984년설립
(주)해외교육사업단

1984년 설립!
오랜 경험과 방대한 실적

글로벌 시대의 인재 육성에 노력을 다하고 있습니다.

성공 유학
- 수준 높은 교육
- 정확한 수속
- 긴밀한 제휴

유학생 · 학교 · HED

공신력 · 안전성 · 책임감을 바탕으로 합니다!

수속대행 주요내용

- 유학의 검토, 준비과정을 심층 상담해 드립니다.
- 자신에게 가장 알맞은 학교선택을 도와 드립니다.
- 합격을 위한 수험준비 입시내용을 지도해 드립니다.
- 입학허가 비자수속이 정확하게 진행되도록 도와 드립니다.
- 기숙사, 항공편, 핸드폰, 여행보험을 대행합니다.
- 일본에서의 유학생활이 안정되도록 도와드립니다.
- 진로지도 서포트 시스템을 갖추고 있습니다.

HED의 수속분야

- 장기어학연수
- 고등학교유학
- 수학여행
- 단기어학연수
- 대학유학
- 기업체 연수
- 대학원유학
- 전문학교유학
- 홈스테이

URL : www.hed.co.kr

본원 약도

두산베어스텔 709호, 6번 출구, 7번 출구, 양재역, 강남역, 역삼역, 더조은컴퓨터아카데미, 메리츠증권, YBM어학원, 파고다어학원, 교보빌딩

문의 / 접수

본 원
서울시 서초구 강남대로 381
두산베어스텔 709호
☎ : 02-552-1010(대표)
fax : 02-552-1062

긴급전화 (010) 6207-6404

일본/도쿄 전화 090-4439-7490 (한 · 일공통)

카카오톡

㈜해외교육사업단 발행 도서

일본유학시험(EJU)
2017년 2회 기출문제

일본유학시험(EJU)
2017년 1회 기출문제

일본유학시험(EJU)
2016년 2회 기출문제

일본유학시험(EJU)
2016년 1회 기출문제

일본유학시험(EJU)
모의시험: 수학1

일본유학시험(EJU)
모의시험: 수학2

일본유학시험(EJU)
모의시험: 종합과목

일본유학시험(EJU)
모의시험: 청독해/청해

일본유학시험(EJU)
모의시험: 물리

일본유학시험(EJU)
모의시험: 화학

일본유학정보도서
일본 유학으로 성공하기

일본유학정보도서
일본대학 학과도감

▶ 판매처 : 교보문고, 영풍문고, 예스24, 알라딘, 인터파크 (각 서점 및 사이트에서 구입 가능)

▶ 해외교육사업단 : 전화 02-552-1010/ 팩스 02-552-1062/ 이메일 hedc@hed.co.kr

일본유학시험(EJU) 모의시험(10회분)
화 학

발 행 일 : 2018년 9월 10일 초판1쇄
편 저 자 : 코치학원 화학 교연팀
펴 낸 이 : 송 부 영
펴 낸 곳 : (주)해외교육사업단
등 록 일 자 : 1997년 4월 14일
등 록 일 자 : 제 16-1456
주　　　소 : 서울시 서초구 서초동 강남대로 381
　　　　　　　전　화 02-736-1010
　　　　　　　팩　스 02-552-1062
　　　　　　　이메일 song@hed.co.kr

* 이 도서의 국립중앙도서관 출판예정도서목록(CIP)은 서지정보유통지원시스템 홈페이지(http://seoji.nl.go.kr)와 국가자료종합목록시스템(http://www.nl.go.kr/kolisnet)에서 이용하실 수 있습니다. (CIP제어번호 : CIP2018027468)

* 이 교재의 내용을 사전 허가 없이 전재하거나 복제할 경우 법적인 제재를 받게 됨을 알려드립니다.
* 잘못된 책은 구입하신 서점이나 본사에서 교환해 드립니다.

ⓒ2018 Coach Academy co., Ltd.
ISBN 978-4-909025-36-4